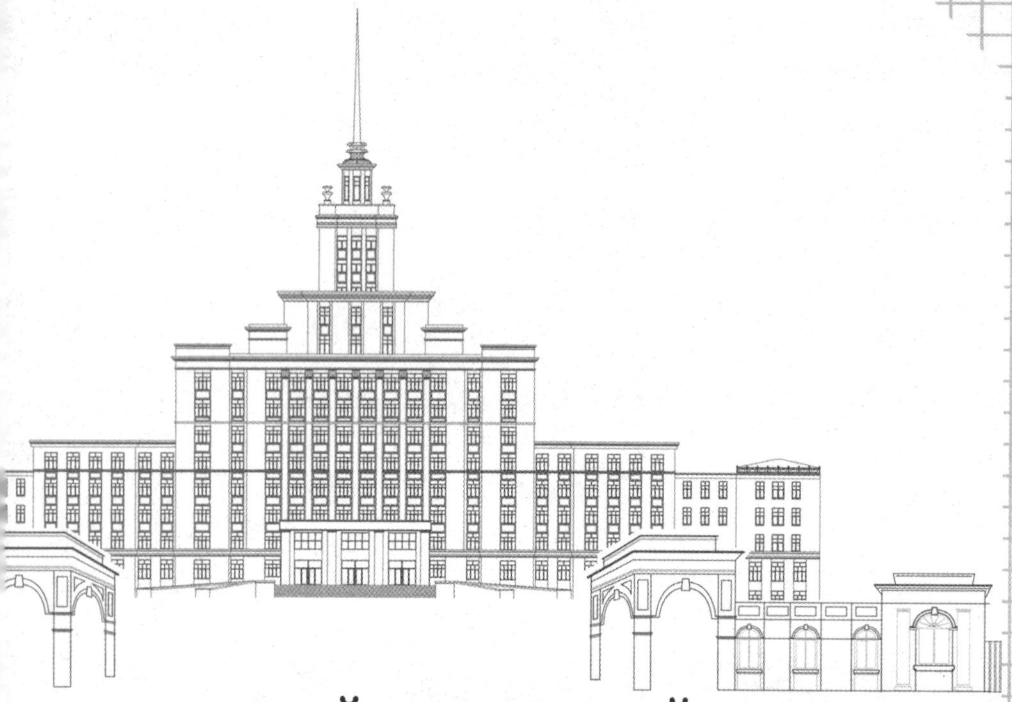

ДЕЛОВОЙ РУССКИЙ ЯЗЫК

ВНЕШНЕТОРГОВЫЙ КОНТРАКТ

总主编 孙淑芳

全国应用型本科院校俄语专业推荐教材

ДЕЛОВОЙ РУССКИЙ ЯЗЫК

国际贸易合同

ВНЕШНЕТОРГОВЫЙ КОНТРАКТ

主编 孔 琳 孙名蕊

黑龙江大学出版社
HEILONGJIANG UNIVERSITY PRESS
哈尔滨

图书在版编目（CIP）数据

国际贸易合同 / 孔琳，孙名蕊主编．-- 哈尔滨：黑龙江大学出版社，2025．7．--（全国应用型本科院校俄语专业推荐教材 / 孙淑芳主编）．-- ISBN 978-7-5686-1313-2

Ⅰ．D996.1

中国国家版本馆 CIP 数据核字第 20256AL035 号

国际贸易合同
GUOJI MAOYI HETONG
孔　琳　孙名蕊　主编

责任编辑　张微微　邢会芳
出版发行　黑龙江大学出版社
地　　址　哈尔滨市南岗区学府三道街 36 号
印　　刷　哈尔滨市石桥印务有限公司
开　　本　880 毫米×1230 毫米　1/16
印　　张　9.5
字　　数　291 千
版　　次　2025 年 7 月第 1 版
印　　次　2025 年 7 月第 1 次印刷
书　　号　ISBN 978-7-5686-1313-2
定　　价　49.80 元

总 序

随着中俄新时代全面战略协作伙伴关系的深化，两国交往日益紧密，务实合作不断扩大，特别是随着国家“一带一路”倡议的实施，各领域对俄语专业人才的需求持续增加，人才培养类型也呈现出多元化态势。除了理论型、研究型和外交型等各类人才外，应用型俄语人才的需求也在持续扩大。近年来，越来越多的应用型本科院校开设了俄语专业，其培养定位和教学模式体现出自身特色。我国高校俄语教育自始至终注重培养学生的综合语言运用能力和跨文化交际能力，不断创新教育教学模式，探索教材编写新理念。但是，专业学科的发展与教材建设不成正比，适用于应用型本科院校的教材建设滞后，不仅有碍于应用型俄语人才培养质量的提高，使人才培养与社会需求、学生就业、工作实践等方面脱节，也限制了学生的个性化发展。因此，编写适合应用型本科院校使用的俄语教材势在必行。

在此背景下，黑龙江大学出版社秉持为社会服务、为教学与人才培养服务的宗旨，筹划编写一套“全国应用型本科院校俄语专业推荐教材”。为此，多次组织一线教师召开座谈会和教材编写会议，经过大量调研和充分酝酿研讨，最终确定了教材编写指导思想、编写原则、框架设计、教材特点和规模。“全国应用型本科院校俄语专业推荐教材”最早于 2017 年由黑龙江大学出版社出版，包括《商务俄语笔译》《商务俄语口译》《商务俄语口语》《商务俄语阅读(上、下册)》《旅游俄语》《商务礼仪》《俄罗斯国情文化》8 个分册。首版教材结合教育部应用型本科教学培养转型的具体要求，兼顾相关院校商务俄语专业应用型教学的实际需要，创新编写理念，依据学生特点量体裁衣，内容难易程度适中，突出针对性和实用性，体现时代感，并统筹各分册性质、特点和风格，完善体例结构，规范概念，实现了课堂教学有的放矢、学生学习得心应手的编写初衷。

为了紧跟时代发展步伐，精准把握俄罗斯商务领域动态变化和发展趋势，进一步满足读者日益增长的实际需求，黑龙江大学出版社组织策划对首版“全国应用型本科院校俄语专业推荐教材”进行系统修订与全新改版，新版包括《商务俄语阅读(上、下册)》《商务俄语笔译》《商务俄语口译》《商务俄语口语》《旅游俄语》《俄罗斯国情文化》《国际贸易合同》8 个分册，旨在提供富有鲜明时代感的商务俄语学习素材，让读者在商务交际中更加得心应手。

新版教材编写宗旨是：服务国家“一带一路”倡议，突出应用导向，强化实践能力，同时注重创新引领，拓宽国际视野，确保教材内容的丰富性、科学性、系统性和前瞻性。教材是教与学的基本依据，是实施教学大纲的重要载体。在编写过程中，注重根据应用型本科院校商务俄语专业一线教师教学实践需要组织材料，并根据实际需要不断完善、更新和补充相关内容，从选材到编排均体现了教材编写的各项要求,特色鲜明,知识性强、内容新、适用性强、覆盖面广。同时,注重选材的时代性,避免使用陈旧过时的语料;注重语料来源的可靠性,着重选取俄罗斯商务领域最新素材;注重知识的实用性,教材内容与教学大纲相适应,把学生必须掌握的知识点落实到教材各个环节,以满足新时代商务俄语专业教学要求和学生的实际需要。各个分册规模适中,每学时内容根据教师授课情况均匀分布。

新版教材由黑龙江大学俄语学院孙淑芳教授担任总主编,团队成员主要是黑龙江大学、东北师范大学、大连外国语大学、延边大学、中国人民大学、海南大学、浙江外国语学院、牡丹江师范学院、黑龙江东方学院、黑河学院、黑龙江外国语学院、北京第二外国语学院、盐城师范学院等院校俄语专业教学的一线教师。教材可供全国应用型本科院校俄语专业学生、俄语成人自考、各类俄语培训班,以及广大俄语爱好者使用。

教材改版升级历时三年有余。作为总主编,亲历了黑龙江大学出版社领导为教材顺利出版倾注的大量心血,被编写团队全体人员和出版社编辑们所表现出的职业素养和高度敬业精神深深感动。在新版教材即将付梓之际,谨向他们表示最诚挚的谢意和深深的敬意!希冀新版教材能为我国应用型本科院校俄语专业人才培养贡献绵薄之力!

教材难免会有疏漏、偏颇和不当之处,欢迎广大师生和读者批评指正,共同推动新版“全国应用型本科院校俄语专业推荐教材”不断进步与完善。

孙淑芳

2025 年 1 月 8 日于哈尔滨

前　言

在当今经济全球化和区域一体化日益加深的时代，国际贸易成为连接世界各国经济的重要纽带。随着中俄贸易关系的愈加紧密，了解一定的国际贸易理论知识，具备较高的俄语水平和掌握跨文化商务交际背景知识，是经贸人员不可或缺的素质。《国际贸易合同》从使用者需要出发而编写。学习者通过学习本教材，不仅能获得国际贸易基础理论知识，扩大词汇量，提高商务口语交际能力，同时逐步深入到贸易合同各个环节，包括具体贸易合同的起草、谈判、执行以及对可能出现的法律问题的处理和争议的解决。

本教材章节内容结构编排具有系统性和创新性。教材内容分为两大部分，每个部分 8 课，共计 16 课。第一部分主要涵盖贸易合同要项，包括合同对象、价格和总价值，供货条件与供货期，品质、包装与标记，货物起运程序与运输条件，支付与保险，不可抗力，仲裁，双方责任与制裁；第二部分涵盖不同领域贸易合同，包括家用电器和电子产品、服装和纺织品、食品、化妆品、日用化工品与生活日用品、汽车与汽车配件、林业产品、石油天然气领域。每课编排主要包括常用词语、理论参考、课后习题等，形成完整的预习—学习—复习闭环。其中第一部分（第 1—8 课）主编为浙江外国语学院孔琳，第二部分（第 9—16 课）主编为浙江外国语学院孙名蕊，浙江外国语学院外籍教师 А. Б. Ряпосова 进行了俄语语言材料校对，全书由黑龙江大学俄语学院孙淑芳教授负责审校、修改，并统一定稿。

本教材适用于高等院校俄语专业学生、参加成人俄语自考的考生、各类俄语培训班学员，也可供广大俄语爱好者以及商务人员学习使用。

由于编者水平有限，书中难免有不妥之处，敬请广大读者批评指正。

孔琳

2025 年 1 月 1 日于杭州

ОГЛАВЛЕНИЕ

目 录

1

Раздел I Основные пункты торгового контракта

第一部分 贸易合同要项

УРОК 1 ПРЕДМЕТ КОНТРАКТА, ЦЕНА И ОБЩАЯ СТОИМОСТЬ

第1课 合同对象、价格和总价值

Новые слова и выражения

америка́нский до́ллар; до́ллар США 美元
ассортиме́нт 品种
валю́та 外汇
включа́ть в себя́; включа́я 包含
имену́емый в дальне́йшем 以下简称
инво́йс (англ. invoice) 发票
ка́чество 质量
маркиро́вка 标记
нало́ги и сбо́ры 税费
неотъе́млемая часть 不可分割的一部分
подписа́ние контра́кта 签订合同
покупа́тель 购方
приложе́ние (к контра́кту) 合同附件
продаве́ц 售方
производи́тель 厂家,制造商
рубль 卢布
сертифика́т 商品证明书
специфика́ция 规格,说明书
со́бственник 所有者
су́мма 总额
тамо́женная по́шлина 关税
та́ра 包装
упако́вка 包装
устана́вливать це́ны 确定价格
юа́нь 元

Теоретическая справка

Предмет торгового контракта описывает действие или совокупность действий, определяющих

贸易合同对象是用于确定缔结交易条款的类型和性质的活动或措

тип и характер условий заключаемой сделки, вид действия: продажа, закупка, поставка товара; выполнение работ; оказание услуг; последующее обслуживание, эксплуатация в течение срока службы.

施。活动类型包括：销售、采购、货物交付；承揽工程；提供服务；售后服务以及在有效期内的使用。

Как правило, стороны раскрывают содержание предмета в первой части контракта, где в краткой форме определяется вид внешнеторговой сделки.

通常，双方会在合同的第一部分简要说明外贸交易的类型。

В разделе «Цена и общая сумма контракта» фиксируются валюта цены товара; цена за единицу товара; общая сумма контракта.

在“价格与合同总价”部分，需确定商品外汇价格、单价及合同总价。

Общая сумма контракта включает стоимость всех товаров, поставляемых по контракту, и предоставляемых услуг.

合同总价包括根据合同提供的所有货物和服务的成本。

ИНКОТЕРМС («Incoterms») — международные правила толкования торговых терминов. Базисные условия поставок товаров в договорах купли-продажи систематизированы Международной торговой палатой в её издании Инкотермс 2010, 2020. Материалы, изложенные в Инкотермс, носят нормативный характер в том случае, если на них сделана прямая ссылка в контракте.

《国际贸易术语解释通则》即国际贸易术语的解释通则。销售合同中货物交付的基本条件由国际商会在其 2010 年和 2020 年版的《国际贸易术语解释通则》中进行了系统化梳理。若合同中直接引用《国际贸易术语解释通则》中规定的内容，则这些内容具有规范性效力。

Правила Инкотермс 2020 это последняя версия правил, которая будет действовать в течение этого десятилетия, до 2030 года. Следующий пересмотр правил Инкотермс планируется в 2029 году.

《国际贸易术语解释通则 2020》是最新版本，有效期 10 年，也就是到 2030 年。《国际贸易术语解释通则》的下一次修订计划于 2029 年进行。

Инвойс (англ. invoice) — это международный счёт на оплату, который содержит описание предмета сделки и её сумму.

发票是一种国际付款凭证，包含对交易物品及其金额的描述。

Образцы

Образец А.

Компания «NNN», КНР, именуемая в дальнейшем «Продавец», в лице генерального директора Ван Ли, с одной стороны, и ООО «XXX», Россия, именуемое в дальнейшем «Покупатель», в лице директора Иванова Ивана Петровича, с другой

示例 1

中国公司“NNN”，以下简称“售方”，由总经理王力代表，为一方；与俄罗斯有限责任公司“XXX”，以下简称“购方”，由经理伊万诺夫·伊万·彼得罗维奇代表，为另一方。双方签

стороны, заключили настоящий Контракт о нижеследующем:

Статья 1. Предмет контракта

1.1. Продавец продаёт, а Покупатель покупает товары на условиях CPT (Инкотермс 2020) в соответствии со спецификациями, приложенными к настоящему контракту и являющимися его неотъемлемыми частями (Приложения).

1.2. Товар поставляется партиями по мере поступления заказов от Покупателя.

Образец B.

Статья 1. Предмет Контракта

1.1. Продавец обязуется продать Покупателю в обусловленные настоящим Контрактом сроки Товар, а именно: чайники различных модификаций согласно спецификации, являющейся неотъемлемой частью настоящего контракта (Приложение 1), а Покупатель обязуется принять Товар и оплатить его стоимость.

1.2. Качество товара подтверждается сертификатом качества.

1.3. Продавец является производителем и собственником товара, поставляемого Покупателю.

Образец C.

Статья 2. Цена и общая стоимость контракта

2.1. Цены на товары, поставляемые по настоящему контракту, указаны в Спецификациях и Инвойсах.

2.2. Цены установлены в USD (американских долларах), включая стоимость упаковки и маркировки, а также налоги, таможенные пошлины, сборы и расходы, взимаемые на территории страны Продавца в связи с выполнением настоящего контракта.

2.3. Общая стоимость контракта составляет: ＊＊＊USD(＊＊＊ долларов США).

订合同如下：

第1条　合同对象

1.1. 售方按CPT(《国际贸易术语解释通则2020》)条款出售货物，购方购买货物，具体规格详见本合同附件，该附件为本合同不可分割的一部分。

1.2. 货物按购方订单分批交付。

示例2

第1条　合同对象

1.1. 售方有义务在本合同规定的期限内将货物出售给购方，即符合规格的各种型号的茶壶，规格是本合同(附件1)不可分割的一部分。购方有义务接收货物并支付其费用。

1.2. 货物质量由质量证明书予以确认。

1.3. 售方是交付给购方货物的制造商和所有者。

示例3

第2条　合同价格和总价值

2.1. 本合同所供商品的价格应在明细表和发票中予以标注。

2.2. 价格确定为美元，包括包装和标记费，以及由于执行本合同在售方所在国家产生的关税及其他费用。

2.3. 合同总价值计：＊＊＊美元。

Упражнения и задания

1 **Поставьте слова в скобках в правильную грамматическую форму.** (把括号中的词变成适当形式填空。)

Образец: в лице (генеральный директор Ван Лупен) — в лице генерального директора Вана Лупена.

1) в лице (директор Смолин Сергей Юрьевич) ____________

2) в лице (директор Чижевский Роман Ильич) ____________

3) в лице (директор Семёнова Мария Викторовна) ____________

4) в лице (генеральный директор Вэй Исинь) ____________

5) в лице (директор У Яцзюнь) ____________

2 **Составьте торговый контракт, используя данные слова и словосочетания.** (用所给的词和词组起草贸易合同。)

Образец: Компания «N&C»; КНР; генеральный директор Чжан Исинь; ООО «XXX»; Россия; директор Петров Иван Иванович.

Компания «N&C», КНР, именуемая в дальнейшем «Продавец», в лице генерального директора Чжана Исиня, с одной стороны, и ООО «XXX», Россия, именуемое в дальнейшем «Покупатель», в лице директора Петрова Ивана Ивановича, с другой стороны, заключили настоящий контракт о нижеследующем: …

1) Торговая компания «XXX»; директор Ван Лу; московская фабрика одежды «XXX»; директор Семёнова Елена Петровна.

____

____

____

2) АО «XXX»; РФ; генеральный директор Боровая Ирина Михайловна; сеть магазинов «XXX»; КНР; генеральный директор Чжао Юнь.

____

____

____

3) ООО «XXX»; генеральный директор Матвеев Альберт Степанович; китайский ювелирный магазин «XXX»; генеральный директор Вэй Сяо.

____

____

____

3 Переведите на китайский язык.（俄译汉。）

1）Покупатель и продавец согласились совершить сделку в отношении нижеуказанных товаров.

____

2）Продавец обязуется отгрузить, а Покупатель — купить на условиях...（согласно Инкотермс 2020）следующие товары.

____

3）Цены за продаваемые товары по настоящему Контракту устанавливаются в американских долларах / китайских юанях.

____

4）В цену товара включена стоимость тары, упаковки и маркировки, погрузка товара, таможенная пошлина.

____

5）Общая сумма настоящего Контракта составляет 50 000（пятьдесят тысяч）американских долларов.

____

6）Все расходы, включая таможенные, после подписания и исполнения Контракта уплачиваются сторонами на территориях своих стран.

____

7）Продавец продаёт, а Покупатель принимает и оплачивает товары в соответствии с инвойсом.

____

8）Заказ — проформа инвойса передаётся Продавцу посредством факса или электронной почты.

____

4 Переведите следующие слова или словосочетания на русский язык.（汉译俄。）

1）合同对象

2）合同附件

3）发票

4）税费

5）关税

5 По образцам А, В, С составьте на русском языке начало, пункты 1 и 2 торгового контракта. (根据示例A、B、C,用俄文续写贸易合同开头、第1和第2条款。)

Российское Акционерное общество (АО) «Весна», генеральный директор Сидорова Елена Ивановна, договорились с китайской фирмой «Хуахуа», директор Ван Шуэй, о покупке и поставке в Россию товара (искусственные цветы для интерьера) на общую сумму 250 000 RMB (китайских юаней).

____

____

____

____

Статья 1. Предмет контракта

____

____

____

____

Статья 2. Цена и общая стоимость контракта

____

____

____

____

6 Найдите и исправьте ошибки (неправильное употребление слов) в торговых контрактах. (找出并纠正贸易合同中常见错误。)

1) Продавец покупает, а Покупатель продаёт и оплачивает заказанные товары.

____

2) Общая стоимость настоящего контракта составляет 28 000 (двенадцать восемь тысяч) долларов США.

____

3) Цена товара исключает в себя упаковку, маркировку и погрузку на транспортное средство.

____

4) Каждая поставка должна сопровождаться отдельным инкотермс, содержащим ассортимент, количество и цену товаров.

____

5) 2.2. Цены установлены в USD (доллары США), включая стоимость упаковки и маркировки, а также налоги, таможенные пошлины.

2.3. Общая стоимость контракта составляет: 36 000 (тридцать шесть тысяч юаней) USD.

6) Продавец продаёт, а Покупатель покупает товары в соответствии со спецификациями, приложенными к настоящему контракту и являющимися его именуемыми в дальнейшем.

7 Переведите условия контракта на китайский язык. (将合同条款译成汉语。)

Статья 1. Предмет договора

1.1. Поставщик обязуется продать и обеспечить поставку товара, а Покупатель обязуется принять и оплатить товар, согласно Приложениям (Спецификациям) к настоящему контракту.

1.2. В Спецификациях определяются наименование, количество, условия и срок поставки, порядок и срок оплаты, цена товара и т. д.

УРОК 2 УСЛОВИЯ И СРОКИ ПОСТАВКИ

第 2 课 供货条件与供货期

Новые слова и выражения

ба́нковский перево́д 银行转账

возвра́т; возврати́ть 退还，退回

выставля́ть / вы́ставить счёт / инво́йс 开具发票

досро́чный 提前的

зачисле́ние 列入，算入

испо́лнить обяза́тельства 履行义务

несвоевре́менная поста́вка 延迟交货

отгру́зка （това́ра）; отгрузи́ть; отгру́жен 货物起运

по вине́ （кого, чего）, поставщика́ / продавца́ / покупа́теля 由于（某人，某事）过失，由于供应商 / 售方 / 购方的过失

погру́зка （това́ра）; погрузи́ть; погру́жен 装载货物

поставля́ть （това́р, проду́кцию） 提供（货物，产品）

поступле́ние опла́ты / предопла́ты / де́нег / де́нежных средств 付款收据 / 预付款收据 / 收到款项 / 收到资金

поста́вка （това́ра） 供货

поста́вленный / не поста́вленный （това́р） 已交付/未交付（货物）

предопла́та; предвари́тельная опла́та 预付款

предоставля́ется пра́во 被授权

производи́ть опла́ту / предопла́ту; произведена́ опла́та 付款 / 预付款；已付款

па́ртия （това́ра） 一批货物

срок （сро́ки）; в срок 期限；按期

усло́вия （ба́зис） поста́вки 供货条件

Теоретическая справка

Условия（базис）поставки — определяют права и обязанности сторон по международному торговому контракту, указывают необходимые для перевозки и таможенного оформления действия, когда и где продавец передаёт товар покупателю, а также какие риски и расходы несёт каждая из сторон. Условия（базис）поставки фиксируются в контракте, в спецификации на товар и в счёте（инвойсе）.

供货条件（基础）确定国际贸易合同下各方的权利和义务，指明运输和清关所必需的活动，售方何时何地将货物交给购方，以及各方承担的风险和开销。供货条件（基础）记录在合同、商品明细及账单（发票）中。

Например, если в контракте написано «EXW Guangzhou China (Incoterms 2020)» — это означает название условий (базиса) поставки. EXW подразумевает самовывоз: покупатель должен самостоятельно забрать товар со склада продавца, осуществить погрузку и провести экспортные таможенные процедуры. Далее указывается место, где продавец передаёт товар покупателю: в данном случае — китайский город Гуанчжоу. А в конце идёт ссылка на перечень правил Инкотермс, откуда взяты условия (базис) поставки.

Примеры некоторых названий условий (базисов) поставки согласно Инкотермс (подробнее см. Приложение 1):

Условие поставки CPT Incoterms 2020 (Carriage Paid To) переводится как «Фрахт / перевозка оплачены до».

Этот термин означает, что продавец исполняет свои обязательства по внешнеторговому контракту, когда передаёт в распоряжение перевозчика продукцию, выпущенную таможней в рамках процедуры экспорта (также уплачиваются вывозные пошлины и сборы, если это необходимо).

Условие поставки FOB — Free on Board / Свободно на борту.

Обязанности продавца: отгрузка товара, таможенное оформление экспорта, погрузка и доставка товара до порта, погрузка на корабль.

Обязанности покупателя: морской фрахт, выгрузка с судна и доставка до таможни, таможенное оформление импорта.

Условия поставки CIF Incoterms 2020 (Cost, Insurance and Freight) переводится как «Стоимость, страхование и фрахт». Упаковка и маркировка товара, доставка товара до терминала отправки и погрузка его на зафрахтованное судно оплачиваются за счёт продавца. Разгрузку товара в основном

例如，如果合同中写有"EXW 中国广州(《国际贸易术语解释通则2020》)"字样，即表示供货条件(基础)的名称。EXW 表明自行提货：购方必须独立从售方仓库提货，进行装货和办理出口清关手续。然后指明售方交付给购方货物的地点是中国广州市。最后是援引《国际贸易术语解释通则》中规定的供货条件(基础)。

根据《国际贸易术语解释通则》，供货条件(基础)名称若干实例如下(详见附件1)：

《国际贸易术语解释通则 2020》中的供货条件 CPT 译为"运费 / 运费付至"。

该术语指的是，售方在将已办理海关放行手续的产品交给承运人时，即履行了对外贸易合同规定的义务(如有必要，还需支付出口关税和费用)。

供货条件 FOB 指离岸价格。

售方责任：起运货物、办理出口清关手续、将货物装载并运至港口，以及装船。

购方责任：承担海运费、卸船并将货物运至海关、办理进口清关手续。

《国际贸易术语解释通则 2020》中的供货条件 CIF 译为"成本、保险费加运费"。商品包装和标记、交付到港和装船费由售方支付。在主要目的港接收并卸载货物以及由此产生的费用由购方承担。

терминале приёма и финансовые расходы на выполнение этой работы берёт на себя покупатель.

Условия поставки FCA (Free Carrier, русск. «франко-перевозчик» или «свободный перевозчик») — ответственность продавца за товар переходит к покупателю в момент передачи груза компании-перевозчику в согласованном месте. При этом таможенную очистку при процедуре экспорта продавец берёт на себя.

供货条件 FCA(承运人)指的是，售方负责在约定地点将货物交给运输公司，并承担出口清关义务。

Сроки поставки товара. Основным критерием в данном разделе служит дата окончательной поставки товара и график последующих поставок данной продукции. Необходимо указать конкретный срок, в течение которого будет произведена поставка товара. Срок может быть:

— конкретной датой;

— в течение определённого количества дней с момента подписания контракта;

— в течение определённого количества дней с момента предоплаты.

供货期。在本部分中，主要的考量标准是货物的最终交付日期以及该产品后续的交货时间表。必须注明货物交付的具体期限。该期限可以是：

——具体日期；

——自合同签字之日起一定天数内；

——自支付预付款之日起一定天数内。

Образцы

Образец А.

Условия поставки

— Поставка Товара осуществляется на условиях CPT Guangzhou China по Incoterms 2020 / согласно Инкотермс 2020.

— Поставка Товара осуществляется на условиях CIF Ningbo China по Incoterms 2020 / согласно Инкотермс 2020.

— Поставка Товара осуществляется на условиях FCA Ningbo China по Incoterms 2020 / согласно Инкотермс 2020.

示例 1

供货条件

——根据《国际贸易术语解释通则 2020》，货物按 CPT 中国广州条款交付。

——根据《国际贸易术语解释通则 2020》，货物按 CIF 中国宁波条款交付。

——根据《国际贸易术语解释通则 2020》，货物按 FCA 中国宁波条款交付。

Образец B.

Сроки поставки

— Поставка товара должна быть произведена до

示例 2

供货期

——根据本协议附件，货物必须

20 марта 2023 года согласно приложению к настоящему договору.

— Продавец обязуется отгрузить Товар в течение 10 рабочих дней с момента подписания настоящего контракта.

— Товар должен быть отгружен Продавцом в течение 10 календарных дней с момента получения предоплаты на свой банковский счёт.

— Продавец производит поставку товаров в течение 3 (трёх) месяцев со дня подписания контракта. Досрочная поставка допускается.

Образец С.

Статья 3. Условия и сроки поставки Товара

3.1. Условия поставки: CPT Guangzhou China согласно Инкотермс 2020.

3.2. Поставка Товара осуществляется партиями, сформированными на основании заказов Покупателя и наличия Товара на складе Продавца.

3.3. Продавец выставляет Покупателю предварительный инвойс. Покупатель производит предоплату по данному инвойсу банковским переводом 50% от общей суммы заказа.

3.4. Продавец обязуется в течение 5 дней с момента поступления предоплаты отгрузить Товар.

3.5. В случае несвоевременной поставки Товара по вине Продавца Покупателю предоставляется право отказаться от заказанного товара.

在2023年3月20日前交付。

——售方有义务自本合同签字之日起10个工作日内发货。

——售方应该在银行账户收到预付款之日起10个自然日内发货。

——售方自合同签字之日起3个月内交付货物。允许提前交货。

示例3

第3条 供货条件和供货期

3.1. 供货条件:根据《国际贸易术语解释通则2020》,CPT中国广州。

3.2. 根据购方订单和售方仓库的库存情况,分批交付货物。

3.3. 售方向购方开具预发票。购方根据该发票通过银行转账的方式支付订单总额50%的预付款。

3.4. 售方有义务在收到预付款后5天内发货。

3.5. 如果由于售方原因而延迟交货,购方有权拒绝订购的货物。

Упражнения и задания

1 Поставьте слова в скобках в правильную грамматическую форму.(**把括号中的词变成适当形式填空。**)

1) Товар поставляется (партии) ____________ на условиях FCA.

2) Товар предназначен для поставки в (Российская Федерация) ____________.

3) В течение 24 часов с момента (отправка) ____________ товара из пункта отгрузки, Продавец обязан проинформировать по электронной почте об этом Покупателя и предоставить

копии (инвойс) ____________.

4) Товар должен быть ввезён на территорию РФ в течение 90 дней от даты (предоплата) ____________ товара.

5) Перевозку по территории КНР с завода-производителя до порта (отгрузка) ____________ оплачивает Продавец.

2 Составьте торговый контракт, используя данные слова и словосочетания. (用所给的词和词组起草贸易合同。)

Образец: CPT Incoterms 2020; поставка; отгружен; в течение 2 (двух) месяцев; предоплата.

Поставка Товара осуществляется на условиях CPT по Incoterms 2020.

Товар должен быть отгружен Продавцом в течение 2 (двух) месяцев с момента получения предоплаты.

1) FOB Incoterms 2020; поставка; 15 июня 2024 года; приложение к контракту (договору).

____

____

____

2) CIF Incoterms 2020; отгрузить; в течение 5 рабочих дней; предоплата.

____

____

____

3) FCA Incoterms 2020; поставка; в течение 4 (четырёх) месяцев; день подписания контракта.

____

____

____

4) CPT Инкотермс 2020; поставка; 20 мая 2024 года; приложение к контракту (договору).

____

____

____

5) CIF Инкотермс 2020; поставка; в течение 3 (трёх) месяцев; день подписания контракта; досрочная поставка.

____

____

____

3 Переведите на китайский язык. (俄译汉。)

1) Продавец должен выставить счёт на оплату товара.

2) Поставка товара осуществляется партиями.

3) Покупатель производит предварительную оплату банковским переводом.

4) Продавец должен отгрузить товар в течение 10 рабочих дней с момента поступления оплаты.

5) В случае несвоевременной поставки товара по вине Продавца…

6) Предоплата осуществляется банковским переводом 30% от общей суммы заказа.

7) Продавец должен отгрузить товар до 30 сентября 2023 года.

8) Поставка товаров должна быть произведена Продавцом в сроки, указанные в данном контракте.

4 Переведите следующие слова или словосочетания на русский язык. (汉译俄。)

1) 供货条件
2) 装载货物
3) 货物起运
4) 银行转账
5) 开具发票

5 По образцам А, В, С составьте на русском языке пункт 3 торгового контракта. (根据示例A、B、C,用俄文续写贸易合同第3条款。)

Российское Акционерное общество (АО) «Весна», генеральный директор Сидорова Елена Ивановна покупает у китайской фирмы «Хуахуа», директор Ван Шуэй товар: искусственные цветы для интерьера.

Статья 3. Условия и сроки поставки

6 Найдите и исправьте ошибки (неправильное использование слов) в торговых контрактах. (找出并纠正贸易合同中常见错误。)

Статья 3. Сроки и усилия поставки

3.1. Поставка Товара по настоящему Контракту осуществляется на условиях FOB Ningbo. Отгрузка товара производится пакетами на основании заказов Покупателя по прилагаемым к настоящему договору Инкотермс.

3.2. Датой поставки считается дата перехода товара через борт судна в морском порту Guangzhou.

3.3. Продавец обязуется поставить товар в течение 90 (девяноста) выходных дней с даты получения зарплаты.

3.4. В случае если Продавец не исполнил обещания по поставке товара в срок, Продавец обязуется получить денежные средства в размере стоимости не поставленных товаров в течение 7 (семи) дней.

7 Переведите условия контракта на китайский язык. (将合同条款译成汉语。)

Статья 3. Условия и сроки поставки

3.1. Поставка Товара осуществляется на условиях CPT Guangzhou по Incoterms 2020.

3.2. Стороны договорились о том, что товары будут отгружаться по заявкам Покупателя партиями в течение одного года с момента подписания контракта.

3.3. Продавец обязуется отгрузить Товар в течение 7 рабочих дней с момента поступления оплаты за каждую партию Товара.

1

УРОК 3 КАЧЕСТВО ТОВАРА, УПАКОВКА И МАРКИРОВКА

第 3 课 品质、包装与标记

Новые слова и выражения

вес бру́тто 毛重

вес не́тто 净重

вре́дное возде́йствие 有害影响

дефе́кт 瑕疵,破损

дефе́ктный （компоне́нт; това́р; -ая та́ра, упако́вка） 有缺陷的（成分、商品、包皮、包装）

загрязне́ние 污染

защи́та; защища́ть 保护

конте́йнер 集装箱

ка́чество 质量

маркирова́ть; промаркиро́ван 做标记

маркиро́вка 标记;商标

нека́чественный （това́р; -ая упако́вка, маркиро́вка） 质量低劣的（商品、包装、标记）

ненадлежа́щий （-ая упако́вка, маркиро́вка） 不适当的（包装、标记）

нести́ отве́тственность 承担责任

нести́ убы́тки 承担损失

отправи́тель; грузоотправи́тель 发货人

поврежде́ние; поврежда́ть; повреждён 损坏

получа́тель; грузополуча́тель 收货人

поте́ря 损失

предохраня́ть 预防,防止

пункт назначе́ния 目的地

по́рча; по́ртить 弄坏,毁坏

сертифика́т ка́чества 质量证书

сопроводи́тельные докуме́нты 随附文件（单据）

сохра́нность 完整,完好

станда́рт 标准

техни́ческая документа́ция 技术文件

техни́ческие усло́вия 技术条件

транспортиро́вка 运输

та́ра 包皮,容器

упако́вка; упакова́ть 包装

упако́вочный материа́л 包装材料

хране́ние; храни́ть 保存

я́щик 箱子

Теоретическая справка

Качество товара — это совокупность его свойств и характеристик, которые определяют его соответствие требованиям потребителя. Качество может быть оценено по ряду параметров, таких как

产品质量指的是产品属性和特性的集合,这些属性和特性决定了产品是否符合消费者的需求。质量可以通过一系列参数来评估,如耐久

долговечность, надёжность, функциональность, эстетичность, экологичность и другие. В зависимости от вида товаров, параметры качества будут отличаться.

性、可靠性、功能性、美观性、环保性等。根据产品种类的不同,质量参数会有所差异。

Определить качество товара можно по различным критериям, однако главным является оценка соответствия товара его заявленным характеристикам. Важным аспектом также является то, как товар работает в эксплуатации, соответствуют ли его качество и функции потребностям потребителя.

产品质量可以依据不同的标准来确定,但主要是评估产品是否与其宣称的特征一致。此外,产品使用情况也是评估质量的重要方面,其质量和功能是否满足消费者的需求。

Упаковка — средство или комплекс средств, обеспечивающих защиту груза от повреждений и потерь, вредного воздействия окружающей среды, загрязнения и облегчающих процесс обращения с грузом, включая хранение, транспортирование и перегрузку. Основными элементами упаковки являются тара, упаковочные материалы, средства консервации.

包装是保护货物免受损坏、损失及有害环境影响和污染的工具或工具组合,并使货物处理过程(包括存储、运输和转运)更加便捷。包装的主要元素包括容器、包装材料和密封材料。

Маркировка — это уникальный код, который наносится на товар производителями. Маркировка позволяет отследить движение конкретного товара от производителя к потребителю. С помощью кода маркировки товаров можно проверить легальность продукции. Это помогает бороться с подделками.

标记是生产商标注在产品上的唯一标识。通过标记可以追踪具体商品从生产商到消费者的流动情况。借助产品标识,可以验证产品的合法性,这有助于打击假冒伪劣产品。

Образцы

Образец А.

Упаковка

— Товары должны быть упакованы в соответствии с требованиями к каждому виду Товара.

— Внешняя и внутренняя упаковка должны обеспечивать защиту от порчи, повреждений и атмосферных воздействий.

— Товар должен отгружаться в экспортной упаковке, соответствующей характеру поставляемого

示例 1

包装

——商品必须根据每种产品种类的要求进行包装。

——商品外包装和内包装必须提供防腐、防损和密封保护。

——商品必须以适合所供商品性质的出口包装形式装运。

Товара.

— Упаковка должна обеспечивать, при условии надлежащего обращения с грузом, полную сохранность Товара во время транспортировки всеми видами транспорта, а также предохранять Товар от атмосферных явлений.

Образец В.

Маркировка

— Ящики, в которые упакован товар, должны быть промаркированы с трёх сторон: верхней и двух противоположных друг другу боковых сторон.

— Все сопроводительные документы (упаковочные листы, спецификации) так же, как маркировка и техническая документация, должны быть составлены на китайском и английском языках.

— На каждый груз должна быть нанесена следующая маркировка: пункт назначения, номер контракта, вес брутто и нетто, краткое наименование получателя и отправителя.

— Продавец несёт все убытки, связанные с некачественной и / или несоответствующей условиям настоящего Контракта упаковкой и / или маркировкой продукции.

Образец С.

Статья 4. Качество товара, упаковка и маркировка

4.1. Качество товара должно быть подтверждено сертификатом качества.

4.2. Поставляемый товар должен отгружаться в упаковке, соответствующей характеру поставляемого товара. Упаковка должна предохранять товар от всякого рода повреждений при перевозке его смешанным транспортом, с учётом возможных перегрузок в пути. Упаковка должна быть приспособлена к погрузке как кранами, погрузчиками так и без них.

——包装应在货物被妥善处理的情况下，确保其通过任何运输方式运输时完全不受损坏，同时保护货物免受天气影响。

示例 2

标记

——装有商品的箱子应在三个面进行标记：顶面和两个相对的侧面。

——所有随附文件（如装箱单、规格说明书）、商标及技术文件，必须用中文和英文书写。

——每个货件应标注以下内容：目的地、合同号、毛重和净重，以及收货人和发货人的简称。

——售方应承担因产品包装和 / 或标记质量不合格和 / 或不符合本合同条款所引起的一切损失。

示例 3

第 4 条　品质、包装和标记

4.1. 商品质量必须通过质量证书确认。

4.2. 所供商品应采用符合其性质的包装发运。包装应确保商品在混合运输过程中免受任何形式的损害，并考虑到途中可能的换装。包装应满足起重机、叉车装卸要求，同时兼顾人工装卸需求。

1

4.3. На каждое место наносится чёткая маркировка: грузополучатель, № контракта, наименование товара, вес брутто, вес нетто, страна происхождения товара.

4.3. 每个货件应清晰标记以下信息:收货人、合同号、商品名称、毛重、净重及商品原产国。

Упражнения и задания

1 Поставьте слова в скобках в правильную грамматическую форму. (把括号中的词变成适当形式填空。)

1) Товар должен отгружаться в (соответствующая экспортная упаковка) ____________.

2) Упаковка должна обеспечивать полную сохранность товара от всякого рода (повреждения) ____________ при перевозке всеми видами сухопутного транспорта.

3) Продавец несёт ответственность за любое повреждение товара вследствие (ненадлежащая упаковка) ____________.

4) Продавец несёт ответственность за потери, которые могут возникнуть из-за (неправильная упаковка и маркировка) ____________.

5) Упаковка, в которой отгружается товар, должна соответствовать (установленные мировые стандарты) ____________.

2 Составьте торговый контракт, используя данные слова и словосочетания. (用所给的词和词组起草贸易合同。)

Образец: товар; упаковка; защита; порча; повреждения; транспортировка.

Упаковка товара должна обеспечивать защиту от порчи и повреждений во время транспортировки.

1) товары; упакованы; требования; вид товара.

____

____

____

2) товар; отгружать; экспортная упаковка; соответствовать характеру.

____

____

____

3) упаковка; обеспечивать; сохранность; транспортировка; виды транспорта.

____

____

____

4）тара；товар；упакован；промаркирована；с трёх сторон.

5）ящик；маркировка；нанесена；Получатель；Отправитель；вес брутто и нетто.

6）Продавец；нести убытки；некачественная упаковка и маркировка.

3 Переведите на китайский язык.（俄译汉。）

1）Качество товара должно подтверждаться сертификатом качества.

2）Качество проданного товара должно соответствовать техническим условиям завода-изготовителя.

3）Продавец обязан устранить дефект или заменить дефектные компоненты за свой счёт.

4）Упаковка должна обеспечивать полную сохранность товара при транспортировке всеми видами транспорта.

5）Продавец должен возместить все убытки Покупателя, вызванные ненадлежащей упаковкой.

6）Изделия должны быть упакованы в стандартные картонные ящики. Вес брутто ящика не должен превышать 50 кг.

7）На упакованный груз должна быть нанесена следующая маркировка：страна назначения，пункт назначения，номер контракта，вес брутто и нетто，краткое наименование получателя и отправителя.

8）Продавец несёт ответственность за любое повреждение товара вследствие ненадлежащей упаковки и маркировки.

4 Переведите следующие слова или словосочетания на русский язык. (汉译俄。)

1) 质量证书
2) 技术文件
3) 技术条件
4) 随附单据
5) 有害影响

5 По образцам A, B, C составьте на русском языке пункт 4 торгового контракта. (根据示例 A、B、C,用俄文续写贸易合同第 4 条款。)

Российское Акционерное общество (АО) «Весна», генеральный директор Сидорова Елена Ивановна покупает у китайской фирмы «Хуахуа», директор Ван Шуэй товар: искусственные цветы для интерьера.

Статья 4. Качество товара, упаковка и маркировка

____

____

____

____

____

____

6 Найдите и исправьте ошибки (неправильное использование слов) в торговых контрактах. (找出并纠正贸易合同中常见错误。)

Статья 4. Качество товара, упаковка и маркировка

4.1. Качество Товара должно находиться в полном соответствии с Инвойсом качества производителя.

4.2. Если Товар, поставленный Продавцом, проявит дефекты, то доставка эффективных товаров при возврате выполняется за счёт Продавца.

4.3. Товар должен быть куплен в соответствующей экспортной маркировке.

4.4. Упаковка должна обеспечивать полную загрязнение товара от всякого рода повреждений при перевозке.

4.5. Маркировка должна быть нанесена на китайском и английском языках и содержать следующее:

— грузовой кран;

— № контракта;

— вес брата;

— вес никто;

— отправитель.

4. 6. Продавец несёт ответственность за любое повреждение товара вследствие настоящей упаковки и маркетинга.

7 **Переведите условия контракта на китайский язык.** (将合同条款译成汉语。)

Статья 4. Качество товара, упаковка и маркировка

4. 1. Товар поставляется обычного экспортного качества Продавца в экспортной упаковке. В случае необходимости дополнительной упаковки, стоимость её будет согласована дополнительно.

4. 2. Каждое место должно быть промаркировано, и маркировка должна содержать следующие данные:

— Продавец;

— Покупатель;

— грузополучатель;

— номер контракта;

— наименование товара;

— вес брутто и нетто.

УРОК 4 ПОРЯДОК ОТГРУЗКИ ТОВАРА. ТРАНСПОРТНЫЕ УСЛОВИЯ
第 4 课 货物起运程序与运输条件

Новые слова и выражения

вид тра́нспорта: во́дный, сухопу́тный (железнодоро́жный, автодоро́жный) 运输方式:水运、陆运(铁路运输、公路运输)

грузоподъёмность 载重量

железнодоро́жная / автодоро́жная / тра́нспортная / товаротра́нспортная накладна́я 铁路运单/公路运单/运输单/商品运输单

инстру́кция 规程,条例

исправле́ние и дополне́ние 增订

коносаме́нт 运货单,提货单

ко́пия 复印件,副本

ме́сто / ста́нция / порт назначе́ния 指定地/指定站/指定港

оригина́л 原件

отпра́вка; отпра́вить; отпра́влен 发货

перево́зки; грузоперево́зки 运输,运送

перево́зчик; грузоперево́зчик 承运人,承运方

порт (погру́зки, отпра́вки, вы́грузки) 港口(装运、发货、卸货)

порто́вые пра́вила 港口规章

приго́дность (тра́нспортных средств) 适用性(运输)

телегра́ф; телеграфи́ровать 电报,发电报

телефа́кс; факси́мильная связь 电传

тра́нспортные усло́вия 运输条件

та́нкер; су́дно 油船,油轮;船舶

факс 传真

фрахт 运货

фрахтова́ние (су́дна / та́нкера) 租用(船舶/油船,油轮)

фрахтова́ть; зафрахтова́ть; зафрахто́ванный 租船,租赁,租用的

Теоретическая справка

Отгрузка товара — это процесс по отправке подготовленных изделий покупателю или перевозчику. Продавец может самостоятельно доставлять продукцию покупателю, а может и воспользоваться услугами компании по грузоперевозкам. После отгрузки право собственности на товар переходит от продавца (поставщика)

货物起运是将准备好的产品发送给购方或承运人的过程。售方可自行将产品交付给购方,也可以委托货运公司完成运输。发货后,货物所有权从售方(供应商)转移到购方。

к покупателю.

Транспортные условия — это условия контракта, определяющие порядок отгрузки товара, схему информирования сторон о его движении, вид транспорта: водный, сухопутный (железнодорожный, автодорожный); срок отгрузки, место и порядок сдачи товара продавцом покупателю и другую необходимую информацию.

Во время перевозки может произойти порча, кража, могут появиться дефекты. Эти риски тоже необходимо указывать в документах. Когда груз транспортируется, некоторые детали способны потеряться, сломаться, выйти из строя или утратить первоначальный внешний вид. Это негативно сказывается на общей стоимости продукции, поэтому важно заранее оговорить и прописать в контракте, кто за это отвечает и кому придётся оплачивать.

Коносамент — это документ, который используют в водных перевозках. Он содержит полную информацию о грузе и доказывает, что перевозчик принял на себя ответственность доставить его в порт назначения.

运输条件是合同条款,它规定了货物的起运程序、双方就货物运输情况的告知方式、运输方式[水运、陆运(铁路运输、公路运输)]、发运期限、售方将货物交付给购方的地点和程序以及其他必要信息。

在运输过程中,可能会出现货物损坏、被盗或出现瑕疵的情况。这些风险也必须在文件中予以注明。当货物运输时,一些部件可能会丢失、损坏、发生故障或失去其原本的外观。这会对产品的总体价值产生负面影响,所以提前商定并在合同中写明由谁对此负责以及由谁来承担费用非常重要。

提货单是用于水运的单据。它包含有关货物的全部信息,并证明承运人已承担将货物交付到指定港的责任。

Образцы

Образец А.

Отгрузка товара

— Продавец сообщает Покупателю по телефаксу или электронной почте о готовности товара к отгрузке не позднее чем за 15 дней до планируемой даты отгрузки.

— Продавец обязан в течение 7 (семи) дней со дня отгрузки товара по факсу или электронной почте сообщить Покупателю следующие данные: номер контракта; наименование товара; дату отгрузки.

示例 1

货物起运

——售方应在不迟于计划起运日期前 15 天,通过传真或电子邮件告知购方货物已准备好待发运。

——售方应自货物起运 7 天内,通过传真或电子邮件告知购方以下信息:合同号;品名;起运日期。

— Доставка товара по настоящему контракту до места назначения входит в обязанности Продавца.

— При отгрузке товара Продавец обязан приложить к железнодорожной накладной следующие сопроводительные документы: спецификацию; сертификат качества.

——售方负责根据本合同将货物运至目的地。

——在起运货物时,售方负责在铁路运单上附上以下相关文件:明细单;质量证书。

Образец B.

Транспортные условия

— После фрахтования судна Продавец сообщит Покупателю его название, дату прибытия судна в порт и приблизительное количество товара, которое судно может погрузить.

— Покупатель должен обеспечить своевременное прибытие зафрахтованного им судна в порт погрузки в течение согласованного графика.

— Продавец берёт на себя обязательства организовать отправку груза сухопутным транспортом и оформить все необходимые сопроводительные документы.

— Отправитель обязан перед погрузкой товара проверит пригодность транспортных средств для перевозки груза.

示例 2

运输条件

——租船后,售方应告知购方船名、船只抵港日期以及该船大约可以装载的货物数量。

——购方应确保所租用船只在约定时间内按时抵达装运港口。

——售方负责安排货物通过陆路运输发运,并办理所有必要的随附文件。

——发货人应在装载货物前检查运输工具是否适合运输该货物。

Образец C.

Статья 5. Порядок отгрузки товара. Транспортные условия

5. 1. Отгрузка (доставка) товаров осуществляется морским транспортом. Минимальной нормой отгрузки является партия, размер которой определяется в соответствии с графиком поставки.

5. 2. Каждая партия подлежащих поставке товаров должна иметь следующие сопроводительные документы:

— транспортная накладная — 1 экз. ;

— спецификация — 1 экз. ;

— сертификат качества — 1 экз.

5. 3. В течение 24 часов после отгрузки товара на судно Продавец должен сообщить Покупателю по

示例 3

第 5 条　货物起运程序与运输条件

5. 1. 货物的起运(交付)通过海运进行。最小发货单位为批量,数量根据供货进度计划确定。

5. 2. 每批应交付的货物必须具有以下随附文件:

——运输单 1 份;

——明细 1 份;

——质量证书 1 份。

5. 3. 在货物装船后 24 小时内,售方应通过传真、电报或电子通信告

факсу, телеграфу или электронной связи наименование судна, дату выхода из порта, порт выгрузки, описание товара, номер контракта, номер коносамента, количество ящиков, вес брутто и нетто.

知购方船舶名称、离港日期、卸货港口、货物说明、合同号、提单号、箱数、毛重和净重。

Упражнения и задания

1 **Поставьте слова в скобках в правильную грамматическую форму.** (把括号中的词变成适当形式填空。)

1) Доставка товаров производится (морской или железнодорожный транспорт) ____________.

2) Отгрузка товара производится в указанные в Спецификации сроки при выполнении (Покупатель) ____________ согласованных условии оплаты.

3) Продавец сообщает по телеграфу Покупателю о готовности товара к (отгрузка) ____________ не позднее чем за 15 дней до даты (отгрузка) ____________.

4) Продавец обязан известить Покупателя о дате готовности товара к отгрузке из (назначенный порт отправки) ____________.

5) Все вопросы, связанные с (отправка) ____________ груза, должны решаться в строгом соответствии с (инструкции) ____________ Покупателя.

2 **Составьте торговый контракт, используя данные слова и словосочетания.** (用所给的词和词组起草贸易合同。)

Образец: Продавец; Покупатель; электронная почта; готовность к отгрузке; дата отгрузки; за 10 дней до…

Продавец сообщает Покупателю по электронной почте о готовности товара к отгрузке за 10 дней до планируемой даты отгрузки.

1) Продавец; Покупатель; факс; 5 дней; день отгрузки; номер контракта и дата отгрузки.

____

____

____

2) Продавец; отгрузка товара; автодорожная накладная; сопроводительные документы; спецификация; сертификат качества.

____

____

____

3) Продавец; обязанности; товар; доставка; место назначения.

4) Продавец; обязательства; отправка груза; железнодорожный транспорт; сопроводительные документы.

5) Отправитель; погрузка; товар; пригодность; автодорожный транспорт; перевозка груза.

6) Продавец; Покупатель; судно; фрахтование; порт; название и дата прибытия.

3 Переведите на китайский язык. (俄译汉。)

1) Изделия по настоящему контракту отгружаются по железной дороге согласно инструкциям.

2) Судно должно быть готово для погрузки того груза, для которого оно было зафрахтовано.

3) Поставщик организовывает транспортировку товара железнодорожным транспортом до станции назначения.

4) Продавец организует доставку товара морским транспортом и обеспечивает надлежащее оформление транспортных документов.

5) Покупатель должен телеграфировать Продавцу название, грузоподъёмность и приблизительную дату прибытия танкера в порт погрузки.

6) Суда, зафрахтованные Покупателем, должны во всех отношениях соответствовать портовым правилам, касающимся мореходности, пожарной и другой безопасности.

7) Продавец в течение двух рабочих дней после окончания погрузки сообщает по телеграфу или по факсу название судна, дату коносамента и порт погрузки.

8) В каждом коносаменте указываются номер контракта, грузополучатель, название товара, его количество, количество мест, их номера, вес брутто, нетто.

4 Переведите следующие слова или словосочетания на русский язык. (汉译俄。)

1) 运输方式
2) 运输条件
3) 运输单据
4) 指定港
5) 港口规章

5 По образцам A, B, C составьте на русском языке пункт 5 торгового контракта. (根据示例 A、B、C,用俄文续写贸易合同第 5 条款。)

Российское Акционерное общество (АО) «Весна», генеральный директор Сидорова Елена Ивановна покупает у китайской фирмы «Хуахуа», директор Ван Шуэй товар: искусственные цветы для интерьера.

Статья 5. Порядок отгрузки товара. Транспортные условия

6 Найдите и исправьте ошибки (неправильное использование слов) в торговых контрактах. (找出并纠正贸易合同中常见错误。)

Статья 5. Условия покупки и транспортные условия.

5.1. Товары, указанные в Приложениях к настоящему контракту, покупаются партиями по заявке Покупателя.

5.2. Заявка Покупателем может быть произведена в телефонном режиме, либо факсимильной почтой, либо посредством электрической почты.

5.3. Принимателем товара по настоящему контракту является ООО «XXX», Российская Федерация.

5.4. Поставка товара Продавцом производится в г. Азов, Россия. В заключительных документах Продавец указывает:

Приниматель: ООО «XXX».

Адрес: 622007 РФ, г. Азов, ул. Ленина, 123.

5.5. Доставка товаров производится сухопутным судном.

5.6. После комплектации партии товара Продавец сообщает Покупателю следующую информацию: вид транспорта и наименование грузоперевозчика; месяц отправки; № контейнера; ассоциацию и количество товара; вес брутто, вес нетто.

7 **Переведите условия контракта на китайский язык.** (将合同条款译成汉语。)

Статья 5. Отгрузка и транспортировка товара

5.1. Продавец сообщает Покупателю по электронной почте о готовности товара к отгрузке за 10 дней до планируемой даты отгрузки.

5.2. Продавец организует транспортировку товара морским транспортом.

5.3. В каждой накладной указываются: номер контракта, номер коносамента, товар, его количество, количество ящиков, вес брутто и нетто.

5.4. После отгрузки товара, но не позднее чем через 24 часа после отгрузки, Продавец сообщает Покупателю по телеграфу / факсу следующие данные:

— номер контракта;

— наименование товара;

— номер коносамента;

— дату отгрузки;

— общую стоимость товара;

— вес брутто и нетто.

УРОК 5 ОПЛАТА И СТРАХОВАНИЕ
第 5 课 支付与保险

Новые слова и выражения

ава́нс; ава́нсовый платёж; ава́нсовая опла́та 预付款

безнали́чный расчёт 非现金结算

бой 碎块

ба́нковский счёт 银行账户

ги́бель / утра́та (това́ра, гру́за) (商品、货物)损失

заде́ржка платежа́ / опла́ты 延迟支付

намока́ние 受潮

перево́д 汇款

перечисле́ние де́нег 转汇

платёжное поруче́ние 支付委托;付款指令

поврежде́ние (това́ра, гру́за) (商品、货物)损坏

поря́док расчётов 结算程序

появле́ние вмя́тин 出现凹痕

просро́чка платежа́ / опла́ты; просро́чен 逾期支付

пе́ня; штраф 罚金

расчётный счёт 结算账户

режи́м хране́ния 存储条件

риск 危险

сохра́нность (това́ра, гру́за) (商品、货物)完整性

страхова́ние; страхова́ть, застрахова́ть, застрахо́ван (това́р, груз) 保险(商品、货物)

страхова́я компа́ния 保险公司

страхова́я пре́мия 保险费

страхово́е покры́тие 保险范围

страхово́й по́лис 保险单

страхово́й слу́чай 保险事故

теку́щий счёт 活期账户

убы́ток 亏损

хище́ние (това́ра, гру́за) 盗窃(商品、货物)

Теоретическая справка

Оплата товара (порядок расчётов). Важной частью торгового контракта является раздел, в котором определяется порядок расчётов между сторонами, валюта платежа, сроки платежа, расчёты в зависимости от курса и т. д. Финансовые условия торгового контракта включают в себя: установление

商品支付(结算程序)。贸易合同的重要部分是确定双方之间结算程序、支付货币、付款期限、根据汇率进行结算等内容的条款。贸易合同的支付条件包括:确定商品价格及计价货币、规定付款期限、明确运输费

стоимости и валюты цены товара; сроки осуществления платежей; условия оплаты транспортных расходов; способы платежа (наличные / безналичные расчёты, авансовые платежи и т. д.); формы расчётов (инкассовый, банковский перевод и т. д.); банковские реквизиты; документы — основания платежа и т. д.

用的支付条件、约定支付方式(现金/非现金结算,预付款等)、确定结算形式(托收、银行转账等)、列明银行账户信息、提供支付依据文件等。

Страхование — это способ защиты материальных интересов при наступлении определённых неблагоприятных обстоятельств, заранее оговорённых договором.

保险是根据合同预先约定,在发生某种不利情况时保护物质利益的一种方式。

При транспортировке товара (груза) может произойти полное или частичное хищение груза; повреждение (утрата) при погрузо-разгрузочных работах или в течение промежуточного хранения; повреждение в процессе перевозки (бой, появление вмятин, намокание и т. п.); дорожно-транспортное происшествие; стихийные бедствия (пожары, наводнения, штормы и пр.); непредвиденное изменение режима хранения; прочие форс-мажорные обстоятельства.

在商品(货物)运输过程中,可能会发生货物全部或部分被盗;在装卸作业过程中或中间存储期间货物受损(丢失);在运输过程中货物受损(碰撞、出现凹痕、受潮等等);道路交通事故;自然灾害(火灾、洪水、风暴等等);存储条件出现不可预见的变化;其他不可抗力情况。

Для того чтобы разделить ответственность Продавца и Покупателя в международной торговле при перевозке товара из-за границы, при заключении торговых контрактов в контракте отражаются условия страхования.

为了在国际贸易中划分售方和购方在跨境运输商品时的责任,在签订贸易合同时,合同中应体现承保条件。

Страховой полис — это документ, который является свидетельством заключения контракта (договора) и содержит все детали о страховом покрытии, исключениях, условиях, периоде действия страхования, страховой премии, а также другую связанную со страхованием информацию.

保险单是保险合同(协议)订立的证明文件,包含有关保险范围、除外责任、承保条件、保险期限、保险费以及其他与保险相关的所有详细信息。

Образцы

Образец А.

Оплата / Порядок расчётов

示例 1

支付/结算程序

— Покупатель оплачивает в течение 5 дней после выставления инвойса -50% аванса ____________ юаней КНР или ____________ долларов США.

— Условия платежа: оплата по настоящему контракту производится в форме банковского перевода на расчётный счёт Продавца 100% предоплата.

— В случае просрочки платежа более чем на 10 дней Покупатель вносит пеню (штраф) в размере 0,3% от стоимости товара за каждый день просрочки.

— Оплата производится посредством банковского перевода платёжным поручением на банковский счёт Поставщика или иной счёт, указанный Поставщиком.

Образец B.

Страхование

— Морское страхование в размере суммы инвойса плюс 10% должно производиться Продавцом.

— Товар по настоящему Контракту от завода Продавца до границы застрахован Продавцом за свой счёт.

— Страхование от морских рисков производится Покупателем и подтверждается Продавцу копией страхового полиса за 5 дней до начала погрузки.

— Продавец обязуется застраховать товары на имя Покупателя и подтвердить это соответствующим документом.

— Страховым случаем является гибель или повреждение товара в результате: аварии при транспортировке, пожара, наводнения, удара молнии, землетрясения или иного стихийного бедствия.

Образец C.

Статья 6. Оплата / Порядок расчётов

6.1. Платежи за поставленные товары осуществляются путём перечисления денег со счёта Покупателя на банковский счёт Продавца не позднее

——购方应在发票开具后5天内支付50%的预付款,金额为________人民币或________美元。

——支付条件:本合同项下的付款以银行转账的形式支付至售方的结算账户,需全额预付。

——若付款逾期超过10天,购方需按货物价值的0.3%支付每日的滞纳金(罚款)。

——支付通过银行转账付款指令转至供应商银行账户或供应商指定的其他账户。

示例2

保险

——海运投保金额是发票金额的10%,由售方承担。

——本合同项下的货物从售方工厂至边境的保险由售方自费承担。

——海运风险保险由购方承担,并在装货开始前5天向售方提供保险单副本予以确认。

——售方有义务以购方名义为货物投保,并提供相应的文件予以证明。

——保险事故是指货物因以下原因而造成的损失或损坏:运输事故和火灾、洪水、雷击、地震等自然灾害。

示例3

第6条 支付/结算程序

6.1. 所供应货物的款项应在合同签署之日起30天内,由购方账户转至售方银行账户。

30 дней с момента подписания Контракта.

6. 2. Предусмотрена предоплата в размере 30% от общей стоимости настоящего Контракта. Оплата производится на основании предоставления следующих документов:

6. 2. 提供本合同总价 30%的预付款。支付应根据以下文件：

а）счёта в 3 экземплярах;

а）发票一式三份；

б）дубликата железнодорожной, или автонакладной, или почтовой квитанции, или оригинала авианакладной, или полного комплекта частичных бортовых коносаментов, выписанных по приказу банка;

b）根据银行指令签发的铁路运单副本、公路运单副本、邮政收据副本、航空运单正本，或全套分批装船提单；

в）отгрузочных спецификаций в 3 экземплярах;

c）发货明细单一式三份；

г）сертификата качества товара, выданного заводом-изготовителем или Продавцом.

d）由制造商或销售商出具的产品质量证书。

Документы должны быть представлены в течение 15 дней от даты отгрузки товара.

这些文件须在货物装运之日起 15 天内提交。

6. 3. В случае задержки Покупателем авансового платежа Продавец имеет право изменить срок поставки. Если авансовая оплата задерживается более чем на 50 дней, Продавец будет иметь право расторгнуть Контракт с отнесением всех убытков, вызванных невыполнением настоящего Контракта, на счёт Покупателя.

6. 3. 如果购方延迟支付预付款，售方有权更改交货时间。如果预付款延迟超过 50 天，售方有权终止合同，并将因未履行本合同而造成的所有损失由购方承担。

Статья 7. Страхование и сохранность грузов при транспортировке

第 7 条　货物运输过程中的保险和安全

7. 1. На территории КНР за страхование и сохранность груза при перевозке отвечает Продавец.

7. 1. 在中国境内，货物运输过程中的保险和安全由售方负责。

7. 2. При перевозке за пределами территориальных вод и национальных границ КНР за сохранность груза отвечает грузоперевозчик. Если Покупатель желает, то груз может быть застрахован за счёт Покупателя.

7. 2. 在中国领海和边境以外运输时，货物的安全由承运人负责。购方可自愿为货物购买保险。

7. 3. При движении груза по национальной территории Покупателя за его сохранность отвечает грузоперевозчик и Покупатель. Если покупатель желает, то груз может быть застрахован за счёт Покупателя.

7. 3. 当货物在购方国家境内运输时，货物的安全由承运人和购方共同承担。购方可自愿为货物购买保险。

Упражнения и задания

1 **Поставьте слова в скобках в правильную грамматическую форму, при необходимости подобрав соответствующие предлоги.** (把括号中的词变成适当形式填空，必要时加上前置词。)

1) Платёж за поставляемые по настоящему контракту товары производится (расчётный счёт) ____________ Продавца не позднее 10 дней с даты подписания контракта.

2) Покупатель переводит на счёт Продавца авансовый платёж в размере 10% (сумма) ____________ настоящего контракта.

3) Оплата Покупателем (оставшаяся сумма) ____________ в размере 90% (стоимость) ____________ контракта осуществляется в течение 5 дней после получения товара.

4) В случае (задержка) ____________ Покупателем (авансовый платёж) ____________ Продавец имеет право изменить срок поставки.

5) Если авансовая оплата задерживается более чем на 50 дней, Продавец будет иметь право расторгнуть Контракт с отнесением (все убытки) ____________, вызванных (невыполнение) ____________ настоящего Контракта, на счёт Покупателя.

2 **Составьте торговый контракт, используя данные слова и словосочетания.** (用所给的词和词组起草贸易合同。)

Образец: Покупатель; оплачивать; 5 дней; 30% аванса; 57 000 юаней КНР.

Покупатель оплачивает в течение 5 *дней после выставления инвойса / заключения контракта* 30% *аванса в размере* 57 000 (*пятьдесят семь тысяч*) *юаней КНР*.

1) оплата; контракт; в форме; банковский перевод; расчётный счёт; 50% предоплата.

____

____

____

2) Покупатель; просрочка; платёж; 7 дней; пеня; 0,2% от стоимости товара.

____

____

____

3) Поставщик; оплата; банковский перевод; расчётный счёт.

____

____

____

4）товар；контракт；завод；Продавец；должен быть застрахован；граница.

5）страхование；морские риски；Покупатель；Продавец；копия；страховой полис.

6）страховой случай；утрата；повреждение；товар；авария；транспортировка.

3 Переведите на китайский язык.（俄译汉。）

1）Покупатель производит оплату за товар безналичным расчётом，осуществляя перечисление денег на расчётный счёт Продавца.

2）За просрочку платежа более чем на 5 дней начисляются пени в размере 0,3% от стоимости товара за каждый день просрочки.

3）Срок оплаты товара не позднее 7 календарных дней с момента передачи товара Покупателю.

4）В случае задержки Покупателем авансового платежа Продавец имеет право изменить срок поставки или расторгнуть контракт.

5）На территории КНР за страхование и сохранность груза при транспортировке отвечает Продавец.

6）Страховым случаем согласно настоящему контракту является утрата，хищение，повреждение товара.

7）Продавец несёт ответственность за соблюдение режима хранения товара до начала отгрузки.

8）Страхование включает повреждение товара в результате транспортировки，а именно：бой，появление вмятин，намокание.

4 Переведите следующие слова или словосочетания на русский язык. (汉译俄。)

1）非现金结算

2）银行账户

3）结算账户

4）活期账户

5）延迟支付

5 По образцам A, B, C составьте на русском языке пункты 6 и 7 торгового контракта. (根据示例 A、B、C，用俄文续写贸易合同第 6 和第 7 条款。)

Российское Акционерное общество (АО) «Весна», генеральный директор Сидорова Елена Ивановна покупает у китайской фирмы «Хуахуа», директор Ван Шуэй товар: искусственные цветы для интерьера.

Статья 6. Оплата товара

____

____

____

____

Статья 7. Страхование

____

____

____

____

6 Найдите и исправьте ошибки (неправильное использование слов) в торговых контрактах. (找出并纠正贸易合同中常见错误。)

Статья 6. Оплата и порядок расчётов

6. 1. Платежи по настоящему контракту начинаются Покупателем в монетах США путём прямого электронного перевода на расчётный счёт Продавца.

6. 2. Стороны устанавливают следующий режим оплаты товара: инвойсовый платёж в размере 30% от общей стоимости настоящего контракта осуществляется Покупателем в течение 14 календарных дней с момента написания контракта; окончательный отчёт 70% от общей стоимости настоящего контракта осуществляется Покупателем в течение 7 календарных дней с момента получения товара.

Статья 7. Страхование

7.1. Продавец несёт ответственность за склад хранения и охранение груза при транспортировке только на территории КНР.

7.2. Ответственность за охранение груза при международных перевозках несёт грузоперевозчик или страховая компания, если Покупатель пожелал потерять груз.

7.3. Расходы по страхованию груза за пределами КНР несёт Продавец.

7 Переведите условия контракта на китайский язык.（将合同条款译成汉语。）

Статья 6. Условия оплаты

3.1. Оплата за товар осуществляется банковским переводом в USD с текущего счёта Покупателя на расчётный счёт Продавца.

3.2. Оплата товаров осуществляется в течение 14（четырнадцати）календарных дней с момента отгрузки товара на территории КНР.

3.3. Платежи будут производиться при условии своевременной передачи Продавцом следующих документов Покупателю: инвойс в 2-х экз., спецификации в 2-х экз., сертификат качества товара в 2-х экз.

3.4. Покупатель вправе отказать полностью или частично в оплате счёта Продавца в случаях неполного представления упомянутых документов.

Статья 7. Страхование

Продавец обязуется застраховать товары на имя Покупателя и предоставить Покупателю страховой полис в течение 3-х дней с момента отгрузки товара.

УРОК 6 ФОРС-МАЖОР
第 6 课 不可抗力

Новые слова и выражения

аннули́ровать（контра́кт）取消、废除（合同）

блока́да 封锁

война́ 战争

вое́нные де́йствия 军事行动

за преде́лы компете́нции 超出职权范围

забасто́вка 罢工

запре́т на э́кспорт и́ли и́мпорт 进出口禁令

землетрясе́ние 地震

исполня́ть / исполне́ние обяза́тельств по контра́кту 履行合同义务

компенса́ция（убы́тков）赔偿（损失）

компете́нтный 内行的；主管的

локау́т 停业

наводне́ние 水灾，洪水

непредви́денные обстоя́тельства 不可预见情况

непредоставле́ние информа́ции 未能提供信息

несвоевре́менная информа́ция 信息不及时

несвоевре́менное уведомле́ние о чём-либо 未及时通知某事

неуведомле́ние 未通知

обстоя́тельства непреодоли́мой си́лы 不可抗力情况

освобожда́ться от отве́тственности 免除责任

пожа́р 火灾

предста́вить для подтвержде́ния 提供确认

предста́вить докуме́нт 提供文件

предъявля́ть（реклама́ции、тре́бования）提出（索赔、要求）

приро́дные / стихи́йные бе́дствия 自然灾害

по́лное и́ли части́чное невыполне́ние 完全或部分未履行

расто́ргнуть（контра́кт）终止（合同）

реклама́ция 索赔

свести́ к ми́нимуму после́дствия 将后果降至最低

ссыла́ться на непредви́денные обстоя́тельства 援引不可抗力情况

уведомля́ть — уве́домить о чём-либо 通知某事

форс-мажо́р 不可抗力

Теоретическая справка

Форс-мажор — непредсказуемое событие (обстоятельства непреодолимой силы), независящее от воли сторон, участвующих в сделке, но ведущее к невозможности исполнения договорных обязательств.

Обстоятельства непреодолимой силы — пожар, наводнение, землетрясение или иное стихийное бедствие, эпидемия, война, военные действия любого характера, блокада, эмбарго на экспорт или импорт и другие не зависящие от сторон обстоятельства.

不可抗力是一种不可预测的事件(不可抗力情况),不受交易双方意志控制,从而导致无法履行合同义务。

不可抗力情况包括火灾、洪水、地震或其他自然灾害,疫情、战争、任何性质的军事行动、封锁、进出口禁运以及其他不受双方控制的情况。

Образцы

Образец А.

Форс-мажор / Обстоятельства непреодолимой силы

— Стороны освобождаются от ответственности за частичное или полное неисполнение обязательств по настоящему Контракту, если это неисполнение явилось следствием обстоятельств непреодолимой силы, например, землетрясение, наводнение, пожар.

— Сторона, ссылающаяся на обстоятельства непреодолимой силы, обязана в трёхдневный срок проинформировать другую сторону о наступлении и прекращении подобных обстоятельств в письменной форме.

— Если вышеупомянутые непредвиденные обстоятельства возникли, то срок обязательств отодвигается соразмерно времени, в течение которого будет действовать форс-мажор.

— Забастовки, в том числе и общие, являются форс-мажорным обстоятельством. Если эти

示例 1

不可抗力 / 不可抗力情况

——如果未履行本合同规定的全部或部分义务是由于不可抗力情况导致的,如地震、洪水、火灾,双方将免于责任。

——援引不可抗力情况的一方有义务在三天内以书面形式通知另一方此类情况的发生和终止。

——如果出现上述不可抗力情况,则按照不可抗力持续的时间相应推迟义务期限。

——罢工,包括总罢工,属于不可抗力情况。如果这些情况持续超

обстоятельства будут продолжаться более 3 месяцев, то каждая из сторон имеет право отказаться от дальнейшего исполнения обязательств по контракту.

— Ни одна из сторон не имеет права предъявлять рекламации в отношении убытков и / или потерь, которые могут возникнуть в результате форс-мажора.

过3个月,则各方都有权拒绝继续履行合同规定的义务。

——任何一方均无权就不可抗力产生的亏损和/或损失提出索赔。

Образец В.

Статья 8. Форс-мажор / Обстоятельства непреодолимой силы

8.1. Обстоятельства непреодолимой силы (такие, как пожар, наводнение, землетрясение, и другие природные явления, забастовки и локауты) являются основанием для задержки поставки на период времени, равный периоду действия этих обстоятельств, но только в случае, если эти обстоятельства непосредственно препятствуют выполнению контракта в установленные сроки.

8.2. Продавец обязан информировать Покупателя незамедлительно о начале и окончании обстоятельств непреодолимой силы.

8.3. Сторона, ссылающаяся на форс-мажорные обстоятельства, обязана представить для их подтверждения документ компетентного государственного органа.

示例2

第8条 不可抗力/不可抗力情况

8.1. 不可抗力情况(如火灾、洪水、地震以及其他自然现象,罢工和停业)视为延迟交货的正当理由,延迟期限等同于不可抗力持续的时长,但前提是其直接阻碍了合同在规定期限内的履行。

8.2. 售方应第一时间通知购方不可抗力情况的开始和结束。

8.3. 援引不可抗力情况的一方有义务提交国家主管当局的文件以供确认。

Упражнения и задания

1 Поставьте слова в скобках в правильную грамматическую форму, при необходимости подобрав соответствующие предлоги. (把括号中的词变成适当形式填空,必要时加上前置词。)

1) Покупатель имеет право аннулировать невыполненную часть указанного контракта без какой-либо (компенсация) ____________ расходов.

2) Сторона, для которой исполнение обязательств становится невозможным в связи с (указанные выше события) ____________, обязана в письменной форме уведомить об этом другую сторону не позднее 10 дней с начала событий.

3）Продавец освобождается（ответственность）＿＿＿＿＿＿ за частичное или полное неисполнение обязательств по настоящему контракту в случае наступления обстоятельств（непреодолимая сила）＿＿＿＿＿＿.

4）Несвоевременное извещение（обстоятельства）＿＿＿＿＿＿ непреодолимой силы лишает соответствующую сторону права ссылаться на них в будущем.

5）В случае форс-мажора Продавец немедленно уведомляет Покупателя（начало и окончание）＿＿＿＿＿＿ обстоятельств，препятствующих выполнению обязательств по настоящему контракту.

2 **Составьте торговый контракт，используя данные слова и словосочетания.**（用所给的词和词组起草贸易合同。）

Образец：Стороны；освобождаться；ответственность；контракт；неисполнение обязательств.

Стороны освобождаются от ответственности за частичное или полное неисполнение обязательств по настоящему контракту.

1）неисполнение обязательств；следствие；форс-мажорные обстоятельства；землетрясение，наводнение，пожар.

＿＿＿＿＿＿＿＿＿＿＿＿＿＿＿＿＿＿＿＿＿＿＿＿＿＿＿＿＿＿

＿＿＿＿＿＿＿＿＿＿＿＿＿＿＿＿＿＿＿＿＿＿＿＿＿＿＿＿＿＿

＿＿＿＿＿＿＿＿＿＿＿＿＿＿＿＿＿＿＿＿＿＿＿＿＿＿＿＿＿＿

2）Продавец；Покупатель；трёхдневный срок；проинформировать；форс-мажор；наступление；прекращение；письменная форма.

＿＿＿＿＿＿＿＿＿＿＿＿＿＿＿＿＿＿＿＿＿＿＿＿＿＿＿＿＿＿

＿＿＿＿＿＿＿＿＿＿＿＿＿＿＿＿＿＿＿＿＿＿＿＿＿＿＿＿＿＿

＿＿＿＿＿＿＿＿＿＿＿＿＿＿＿＿＿＿＿＿＿＿＿＿＿＿＿＿＿＿

3）непредвиденные обстоятельства；возникнуть；срок обязательств；отодвигаться；форс-мажор.

＿＿＿＿＿＿＿＿＿＿＿＿＿＿＿＿＿＿＿＿＿＿＿＿＿＿＿＿＿＿

＿＿＿＿＿＿＿＿＿＿＿＿＿＿＿＿＿＿＿＿＿＿＿＿＿＿＿＿＿＿

＿＿＿＿＿＿＿＿＿＿＿＿＿＿＿＿＿＿＿＿＿＿＿＿＿＿＿＿＿＿

4）забастовки；форс-мажорное обстоятельство；2 месяца；иметь право；исполнение обязательств；контракт.

＿＿＿＿＿＿＿＿＿＿＿＿＿＿＿＿＿＿＿＿＿＿＿＿＿＿＿＿＿＿

＿＿＿＿＿＿＿＿＿＿＿＿＿＿＿＿＿＿＿＿＿＿＿＿＿＿＿＿＿＿

＿＿＿＿＿＿＿＿＿＿＿＿＿＿＿＿＿＿＿＿＿＿＿＿＿＿＿＿＿＿

5) стороны; иметь право; рекламации; убытки и потери; результат; непредвиденные обстоятельства.

6) Продавец; форс-мажорные обстоятельства; представить; подтверждение; документ; государственный орган.

3 Переведите на китайский язык. (俄译汉。)

1) Непредоставление информации или несвоевременная информация лишает Продавца права.

2) Продавец имеет право ссылаться на непредвиденные обстоятельства для освобождения его от ответственности.

3) Невыполнение своих контрактных обязательств в результате форс-мажора: пожара, землетрясения, аварии.

4) Продавец не может выполнить обязательства по контракту полностью или частично более чем один месяц.

5) Покупатель будет иметь право аннулировать контракт полностью или частично без компенсации убытков, понесённых Продавцом.

6) Обе стороны будут стараться делать всё возможное, чтобы свести к минимуму последствия форс-мажора, оказавшие влияние на действие контракта.

7) Пожары, стихийные бедствия, войны, военные действия любого характера, блокады, запрещения экспорта или импорта, или другие причины, выходящие за пределы компетенции обеих сторон.

8) Неуведомление или несвоевременное уведомление о форс-мажоре лишает Продавца права ссылаться на какие-либо из вышеуказанных обстоятельств.

4 **Переведите следующие слова или словосочетания на русский язык.** (汉译俄。)

1) 不可抗力情况
2) 自然灾害
3) 进出口禁令
4) 超出职权范围
5) 履行合同义务

5 **По образцам А, В составьте на русском языке пункт 8 торгового контракта.** (根据示例 A、B，用俄文续写贸易合同第 8 条款。)

Российское Акционерное общество (АО) «Весна», генеральный директор Сидорова Елена Ивановна покупает у китайской фирмы «Хуахуа», директор Ван Шуэй товар: искусственные цветы для интерьера.

Статья 8. Форс-мажор

6 **Найдите и исправьте ошибки (неправильное использование слов) в торговых контрактах.** (找出并纠正贸易合同中常见错误。)

Статья 8. Форс-мажор

8.1. Ни одна из сторон не идёт ответственности за полное или частичное невыполнение своих контрактных планов, если это невыполнение вызвано такими увиденными обстоятельствами, как: наводнение, пожар, землетрясение и другими природными следствиями, равно как война или военные операции, имевшие место после отключения настоящего контракта.

8.2. Сторона, для которой создалась невозможность исполнения обязательств по контракту, должна немедленно, но не позднее 3-х дней с момента начала или прекращения стоп-минорных обстоятельств, прочитать другую сторону письменно о начале, ожидаемом времени продолжения и упрощения этих обстоятельств.

7 Переведите условия контракта на китайский язык. (将合同条款译成汉语。)

Статья 8. Форс-мажор

8.1. Ни одна из сторон не будет нести ответственность за полное или частичное неисполнение любой из своих обязанностей, если неисполнение будет являться следствием форс-мажорных обстоятельств, как наводнение, пожар, землетрясения и другие стихийные бедствия, а также войны или военные действия разного рода, блокады, запреты на экспорт или импорт.

8.2. Если любое из таких обстоятельств непосредственно повлияло на исполнение обязательства в срок, установленный в контракте, то этот срок соразмерно отодвигается на время действия соответствующего обстоятельства.

УРОК 7　АРБИТРАЖ
第 7 课　仲裁

Новые слова и выражения

Внешнеторго́вая арбитра́жная коми́ссия 对外贸易仲裁委员会

Междунаро́дный комме́рческий арбитра́жный суд 国际商事仲裁法院

арбитра́ж 仲裁

арбитра́жное разбира́тельство 仲裁审理

арбитра́жный суд 仲裁法院

арби́тр 仲裁者

взаи́мная договорённость 双方协定

выноси́ть / вы́нести реше́ние; вынесе́ние реше́ния 做出裁定

вы́полнить обяза́тельства по контра́кту 履行合同义务

двусторо́нние перегово́ры 双边谈判

дости́чь / достига́ть / достиже́ние согла́сия 达成协议

заказно́е письмо́ 挂号信

извеща́ть — извести́ть 通知，告诉

исте́ц 原告人，起诉人，申诉人

кита́йская комме́рческая арбитра́жная ассоциа́ция 中国商事仲裁协会

мотиви́рованный 有理由的

ми́рный путь 和平方式

ненадлежа́щее исполне́ние 未正当履行

неоспори́мый 无可争辩的

но́рмы пра́ва 法律规范

оконча́тельный 最后的，最终的

отве́тчик 被告人

перегово́ры ме́жду сторона́ми 各方之间的谈判

по ме́сту нахожде́ния （истца́, отве́тчика） 在（原告、被告）的位置

приходи́ть / прийти́ к соглаше́нию 达成协议

реше́ние арбитра́жного суда́ 仲裁裁决书

спо́ры и разногла́сия 争议和分歧

торго́во-промы́шленная пала́та 工商会

уве́домить 通知

урегули́ровать 调整

Теоретическая справка

Международный коммерческий арбитраж разрешает гражданско-правовые споры, связанные с внешнеэкономическими сделками. Это третейский суд, постоянно действующий или специально

国际商事仲裁用于解决与对外经济交易相关的民事法律纠纷。它可以是常设的，也可以是针对具体案件专门设立的仲裁法庭，其主要目的

созданный в каждом конкретном случае, основной целью которого является рассмотрение и разрешение по существу международного коммерческого спора в определённой процессуальной форме путём вынесения обязательного для спорящих сторон решения.

是以特定的诉讼形式对国际商事纠纷的实质内容进行审理和裁决,并做出对争议各方具有约束力的裁决。

Международный коммерческий арбитраж — институт, представляющий собой негосударственные, коммерческие арбитражные суды, специально предназначенные для рассмотрения споров между участниками международных коммерческих сделок, сторонами по которым выступают лица разной государственной принадлежности.

国际商事仲裁是一种非政府性质的商事仲裁法院机构,专门用于审理国际商业交易参与者之间的纠纷,其中当事人各方是具有不同国籍的主体。

Постоянно действующие (институционные) арбитражные суды создаются при торговых палатах и биржах, причём они создаются на длительный срок. Эти арбитражные органы функционируют на основе принятых уставов, регламентов, имеют в своей структуре секретариаты, где определяется список арбитров, из числа которых стороны выбирают судей.

常设(机构性)仲裁法院是由商会和交易所设立的,并且长期运作。这些仲裁机构基于已通过的章程和规章运作,其组织架构中设有秘书处,由秘书处确定仲裁员名单,当事人可从中选择仲裁员。

В России арбитражные суды действуют в каждом субъекте федерации. Например, к таким арбитражам относится Международный коммерческий арбитражный суд при Торгово-промышленной палате Российской Федерации.

在俄罗斯,仲裁法院在联邦的各个主体中运作。例如,此类仲裁包括俄罗斯联邦工商会下辖的国际商事仲裁法院。

В Китае система арбитражных судов включает в себя основной арбитражный орган: Китайская международная экономическая и торговая арбитражная комиссия (CIETAC). В эту систему входят: Китайская комиссия по морскому арбитражу (CMAC), и 253 арбитражных комиссии-филиалов, находящихся в крупных городах Китая. Например, Гонконгский международный арбитражный центр (HKIAC).

在中国,仲裁法院系统包括一个主要仲裁机构:中国国际经济贸易仲裁委员会。该系统还包括:中国海事仲裁委员会,以及分布在中国各大城市的253家仲裁委员会分支机构。如香港国际仲裁中心。

Образцы

Образец А.

Разрешение споров

— Все споры и разногласия, которые могут возникать из настоящего Контракта или в связи с ним, будут по возможности решаться путём переговоров между сторонами.

— Неурегулированные путём двусторонних переговоров споры сторон подлежат рассмотрению арбитражным судом по месту нахождения истца.

— Если ответчиком в таких спорах или разногласиях является Покупатель, арбитраж будет иметь место во Внешнеторговой арбитражной комиссии при Торгово-промышленной палате Российской Федерации в Москве в соответствии с правилами процедуры указанной комиссии.

— Если ответчиком в таких спорах или разногласиях является Продавец, арбитраж должен иметь место в китайской коммерческой арбитражной ассоциации в Пекине в соответствии с правилами коммерческого арбитража указанной ассоциации.

— Решение арбитражного суда будет являться окончательным для обеих сторон.

示例1

争议解决

——所有由本合同引起的争议和分歧应尽可能通过双方之间协商解决。

——未通过双方协商解决的争议，应由原告所在地的仲裁法院审理。

——如果购方是此类争议或分歧的被告，仲裁应在位于莫斯科的俄罗斯联邦工商会对外贸易仲裁委员会依照该委员会的程序规则进行。

——如果售方是此类争议或分歧的被告，仲裁应在北京的中国商事仲裁协会依照该协会的商事仲裁规则进行。

——仲裁法院的裁决对双方都是最终裁决。

Образец В.

Статья 9. Арбитраж

9.1. Продавец и Покупатель примут все меры к разрешению всех споров, разногласий, могущих возникнуть из настоящего контракта или в связи с ним, дружеским путём.

9.2. В случае, если стороны не могут прийти к соглашению, все споры и разногласия подлежат передаче на разрешение арбитража.

9.3. Арбитраж должен быть создан следующим образом: сторона, желающая передать спор в арбитраж, должна известить об этом другую сторону

示例2

第9条　仲裁

9.1. 售方和购方应采取一切措施，以协商方式解决本合同或与本合同有关的所有争议和分歧。

9.2. 如果双方不能达成协议，所有争议和分歧应提交仲裁解决。

9.3. 仲裁应按如下方式组织：拟将争议提交仲裁的一方应通过挂号信通知另一方，并在信中注明其选定

заказным письмом, указав в нём фамилию и место пребывания избранного ею арбитра, а также предмет спора, дату и номер контракта.

9.4. Другая сторона в течение 30 дней по получении такого письма должна избрать второго арбитра и уведомить об этом первую сторону заказным письмом, указав в нём фамилию и место пребывания избранного ею арбитра.

9.5. Арбитраж выносит решение на основании условий настоящего контракта, а также норм права, подлежащих применению в стране, где имеет место арбитраж.

9.6. Решение арбитража будет являться окончательным для сторон.

的仲裁员的姓名、居住地,以及争议的主题、日期和合同号。

9.4. 另一方应在收到挂号信后30天内选定第二名仲裁员,并通过挂号信通知第一方,在信中注明所选仲裁员的姓名和居住地。

9.5. 仲裁应根据本合同条款以及仲裁所在国适用的法律规范做出裁决。

9.6. 仲裁裁决对双方来说都是最终裁决。

Упражнения и задания

1 **Поставьте слова в скобках в правильную грамматическую форму, при необходимости подобрав соответствующие предлоги.** (把括号中的词变成适当形式填空,必要时加上前置词。)

1) Сторона, желающая передать спор в арбитраж, должна известить об этом другую сторону (заказное письмо) ____________.

2) Другая сторона в течение 30 дней по получении такого письма должна избрать (второй арбитр) ____________ и уведомить об этом (первая сторона) ____________.

3) Арбитраж выносит решение (большинство голосов) ____________ на основании условий настоящего Контракта

4) Продавец и Покупатель примут все меры (разрешение) ____________ всех споров, разногласий.

5) В случае невозможности достижения согласия (мирный путь) ____________, споры подлежат окончательному и бесповоротному урегулированию (арбитражный суд) ____________.

2 **Составьте торговый контракт, используя данные слова и словосочетания.** (用所给的词和词组起草贸易合同。)

Образец: стороны; споры; разногласия; переговоры; решаться.

Все споры и разногласия, которые могут возникать между сторонами, должны решаться путём переговоров.

1

1）если；двусторонние переговоры；споры；урегулировать；рассмотрение；арбитражный суд；место нахождения；истец.

2）Продавец；ответчик；разногласия；арбитраж；иметь место；Пекин；ассоциация；коммерческий.

3）Покупатель；ответчик；разногласия；арбитраж；иметь место；Москва；арбитражная комиссия；Торгово-промышленная палата.

4）сторона；спор；передать；арбитраж；известить；заказное письмо.

5）сторона；30 дней；получение；второй арбитр；уведомить；заказное письмо.

6）арбитраж；выносить решение；условия；контракт；нормы права；страна；имеет место.

3 **Переведите на китайский язык.**（俄译汉。）

1）Любые споры и разногласия，возникающие по данному контракту или имеющие отношение к нему，разрешаются сторонами по взаимной договорённости.

2）Арбитражное разбирательство проводится в г. Пекин. Участники контракта обязуются исполнить решение арбитражного суда незамедлительно.

3）В случае, если в ходе переговоров не удалось прийти к согласию, соответствующий спор решается в Международном коммерческом арбитражном суде при Торгово-промышленной палате РФ в г. Москва.

____

4）Международный коммерческий арбитраж разрешает гражданско-правовые споры, связанные с внешнеэкономическими сделками.

____

5）Споры о возмещении убытков из-за ненадлежащего исполнения условий настоящего контракта.

____

6）Арбитражные процедуры ведутся на английском языке.

____

7）Решение арбитража должно быть мотивированным и содержать в себе указание о составе арбитража, времени и месте вынесения решения.

____

8）Оба арбитра в течение 30 дней после назначения должны избрать третьего арбитра.

____

4 Переведите следующие слова или словосочетания на русский язык.（汉译俄。）

1）仲裁法院

2）仲裁审理

3）国际商事仲裁法院

4）双方协商

5）挂号信

5 По образцам А, В составьте на русском языке пункт 9 торгового контракта.（根据示例 А、В，用俄文续写贸易合同第 9 条款。）

Российское Акционерное общество（АО）«Весна», генеральный директор Сидорова Елена Ивановна покупает у китайской фирмы «Хуахуа», директор Ван Шуэй товар: искусственные цветы для интерьера.

Статья 9. Арбитраж

____

____

____

____

6 Найдите и исправьте ошибки (неправильное использование слов) в торговых контрактах. (找出并纠正贸易合同中常见错误。)

Статья 9. Арбитраж

9. 1. Все участники и проблемы, которые могут возникать из настоящего контракта или в связи с ним, будут по возможности решаться путём разговоров между сторонами.

9. 2. В случае, если стороны не придут к отношениям, то дело подлежит передаче на решение уголовного суда при Торгово-промышленной палате Китая в Москве.

9. 3. Арбитражное разбирательство будет вестись в составе трёх кураторов, два из которых назначаются сторонами, соответственно, а третий назначается Международным коммерческим уголовным судом при Торгово-промышленной палате в Москве.

9. 4. Если советником является Покупатель, арбитраж должен иметь место в японской коммерческой арбитражной ассоциации в Пекине.

9. 5. Решение уголовного суда будет являться окончательным для обеих компаний.

7 Переведите условия контракта на китайский язык. (将合同条款译成汉语。)

Статья 9. Разрешение споров

9. 1. Все разногласия, возникающие в связи с настоящим контрактом, должны решаться путём переговоров между сторонами.

9. 2. Если стороны не могут прийти к согласию в течение первых переговоров, то данное разногласие должно быть урегулировано арбитражём по месту нахождения истца.

9. 3. Решение арбитража будет являться окончательным для сторон.

УРОК 8 ОТВЕТСТВЕННОСТЬ СТОРОН И САНКЦИИ

第 8 课 双方责任与制裁

1

Новые слова и выражения

бракóванный товáр 废品，有瑕疵的商品

возврáт 退还，返回

возмещáть; возмещéние 补偿，赔偿

гаранти́ровать; гарáнтия 保证，保障

дефéктный товáр 问题产品，残品

исчерпывáющий пéречень 详尽的清单

компенсáция затрáт 补偿费

наруши́тель（контрáкта, договóра）(合同，协议) 违反者

неблагоприя́тные послéдствия 不利后果

недопостáвка товáра 未交付货物

некомплéктный товáр 不成套商品，不完整商品

ненадлежáщее исполнéние обязáтельств 不当履行义务

ненадлежáщее кáчество 质量不合格

ненадлежáщим óбразом 方式不当

неполýченная при́быль 未得利润

нести́ ответственность 承担责任

обжáловать; обжáлование 上诉，申诉

обязáтельства（по контрáкту, договóру）(合同，协议) 义务

приёмка товáра 验收货物，接收货物

просрóчка 过期，延期

прямóй ущéрб 直接损失

прáво сóбственности 所有权

рассчи́тывать пéни 计算罚金

сáнкция 制裁

трéбование о вы́плате 付款要求

уплáта неустóйки 支付违约金

Теоретическая справка

Ответственность сторон. Данный пункт оговаривает права и обязанности сторон в случае наступления некоторых событий, находящихся вне их контроля, независимо от того, предусмотрены последствия этих событий в отношении контракта законом или нет. В контракте необходимо иметь согласованный сторонами исчерпывающий перечень

双方责任。本条款规定在发生某些超出双方控制范围的事件时双方的权利和义务，无论这些事件的后果在法律上是否针对合同有所规定。合同中必须包含双方协商一致的、详尽的此类情况清单以及事件发生时双方应采取的行动程序。

таких обстоятельств и порядок действий сторон при их наступлении.

Санкция — мера воздействия, применяемая к правонарушителю и влекущая для него неблагоприятные последствия.

制裁是针对违法者采取的，使其承担不利后果的措施。

Ответственность сторон по торговому контракту характеризуется следующими основными признаками:

— применение санкций за неисполнение или ненадлежащее исполнение условий контракта является правом, а не обязанностью сторон;

— стороны могут устанавливать в контракте санкции по своему усмотрению;

— ответственность сторон за неисполнение или ненадлежащее исполнение контракта может наступить и без наличия их вины;

— формами ответственности сторон по контракту являются выплата неустойки и возмещение убытков;

— по общему правилу неустойка является зачётной, так как причинённые неисполнением контракта убытки возмещаются в сумме, не покрытой неустойкой;

— в соответствии с принципом полного возмещения убытков возмещению подлежат оба вида убытков: реальный ущерб в имуществе и упущенная выгода.

贸易合同中双方责任具有以下主要特征：

——对不履行或不当履行合同条款的制裁是双方的权利，而非义务；

——双方可以在合同中根据自己的意愿确定制裁；

——即使双方没有过错，也可能因不履行或不当履行合同而承担责任；

——合同中双方承担责任的形式为支付违约金和赔偿损失；

——通常情况下，违约金是可抵扣的，因不履行合同而造成的损失以未由违约金覆盖的金额进行赔偿。

——根据完全赔偿原则，合同违约造成的损失赔偿包括两种类型：实际财产损失和未得利益损失。

Основаниями ответственности поставщика в контракте являются:

— просрочка сроков передачи покупателю товара;

— недопоставка товара, предусмотренного контрактом;

— поставка некачественного товара;

— поставка некомплектного товара.

供货商在合同中的责任依据包括：

——延迟向购方交付商品的期限；

——未交付合同规定的商品；

——提供质量不合格的商品；

——提供不完整的商品。

Обычно за нарушения, допущенные поставщиком, он выплачивает покупателю неустойку в процентном отношении к стоимости не поставленного в срок товара.

通常情况下,供货商导致的违约需向购方支付违约金,违约金以未按时交付商品价值的百分比计算。

Образцы

Образец А.

Санкции

— В случае задержки в поставке оборудования относительно сроков, предусмотренных в настоящем контракте, Продавец должен оплатить Покупателю штраф в размере 0, 5% от стоимости товара за каждую полную календарную неделю.

— Если задержка в поставке товара превышает 6 месяцев, Покупатель имеет право аннулировать невыполненную часть настоящего контракта без какой-либо компенсации затрат Продавца или его потерь в результате такого аннулирования.

— Указанные размеры штрафа не являются предметом обжалования в арбитраже. Штраф уплачивается Продавцом по первому требованию Покупателя.

— В случае поставки дефектного товара Продавец уплачивает Покупателю штраф в размере 10% от стоимости забракованного товара.

— Уплата штрафа или неустойки не освобождает Продавца от обязанности выполнения контракта.

— Продавец не несёт ответственности за просрочку поставки товара, случившуюся по причине наступления форс-мажорных обстоятельств.

示例 1

制裁

——如果设备交付时间相对晚于本合同规定的期限,售方应按每完整的一个日历周向购方支付违约金,金额为设备价格的 0. 5%。

——如果货物交付延迟超过 6 个月,购方有权取消本合同未履行部分,且无需对售方因此类取消行为而产生的费用或损失进行任何赔偿。

——上述罚款金额不得在仲裁中提出异议。售方应在购方首次提出要求时支付罚款。

——如果交付有缺陷的货物,售方应向购方支付相当于被拒货物价值 10%的罚款。

——支付罚款或违约金并不能免除售方履行合同的义务。

——如果因不可抗力情况导致货物交付延迟,售方不承担责任。

Образец В.

Ответственность сторон

— Стороны несут ответственность за невыполнение либо ненадлежащее выполнение условий настоящего контракта.

— Споры, возникающие при исполнении

示例 2

双方责任

——双方应对不履行或不当履行本合同条款承担责任。

——在执行本合同过程中产生

настоящего контракта, разрешаются по соглашению между сторонами. При невозможности достижения соглашения между сторонами, возникшие споры разрешаются в арбитражном суде.

的争议,应由双方协商解决。如果双方无法达成协议,所发生的争议将由仲裁法院解决。

— Заказчик вправе отказаться от оплаты товара ненадлежащего качества, некомплектного товара и / или поставленного с нарушением сроков поставки.

——如果商品质量不合格、商品不完整和 / 或违反交货期限,订购人有权拒绝支付商品款项。

— При нарушении сроков оплаты товара, установленных в настоящем контракте, Продавец вправе предъявить Покупателю требование о выплате неустойки из расчёта 0,1% (ноль целых одна десятая процента) за каждый день просрочки оплаты товара.

——如果购方违反本合同规定的支付商品款项期限,售方有权要求购方支付违约金,违约金按照逾期支付商品款项每天 0.1%的比例计算。

Образец С.

示例 3

Статья 10. Ответственность сторон. Санкции

第 10 条　双方责任与制裁

10.1. В случае недопоставки товара в сроки, оговорённые в контракте, Продавец гарантирует возврат суммы платежей за не поставленную часть продукции на счёт Покупателя в банк Покупателя не позднее 180 дней с даты осуществления платежа со стороны Покупателя.

10.1. 如果售方未能在合同规定的期限内交付货物,售方保证在购方支付款项之日起不超过 180 天内,将未交付部分货物的款项退还至购方银行账户。

10.2. В случае опоздания в поставке товара в сроки, предусмотренные контрактом, Продавец уплачивает Покупателю штраф в размере 0,5% от стоимости не поставленного в срок товара.

10.2. 如果货物交付时间晚于合同规定的期限,售方需向购方支付违约金,金额为未按时交付货物价值的 0.5%。

10.3. Если просрочка в поставке товара превысит 3 месяца, Покупатель вправе аннулировать настоящий контракт полностью, без возмещения Продавцу каких-либо убытков. В этом случае Продавец обязан уплатить штраф в размере 5% от стоимости не поставленной части товара.

10.3. 如果货物延迟交付超过 3 个月,购方有权完全终止本合同,且无需对售方进行任何损失赔偿。此时,售方必须支付未交付部分货物价值的 5%作为罚款。

10.4. Опоздание в поставке технической документации и / или поставка неполноценной документации рассматривается как просрочка в поставке оборудования, к которому относится техническая документация.

10.4. 技术文件延迟交付和 / 或提供不合格文件被视为设备交付延迟,技术文件属于该设备一部分。

Упражнения и задания

1 **Поставьте слова в скобках в правильную грамматическую форму, при необходимости подобрав соответствующие предлоги.** (把括号中的词变成适当形式填空，必要时加上前置词。)

1) Общая сумма штрафа не может превышать 5% (стоимость) ____________ не поставленной в срок (партия) ____________ товара.

2) За неправильное оформление (отгрузочные документы) ____________________ Продавец платит Покупателю штраф.

3) В случае поставки (дефектный товар) ____________________ Продавец уплачивает Покупателю штраф в размере 10% от стоимости товара, признанного (дефектный) ____________.

4) Сумма неустойки не подлежит изменению в (арбитражный порядок) ____________.

5) Штраф удерживается (Покупатель) ____________ при оплате счётов Продавца.

2 **Составьте торговый контракт, используя данные слова и словосочетания.** (用所给的词和词组起草贸易合同。)

Образец: Продавец; Покупатель; задержка; поставка товара; сроки; штраф; контракт; оплатить.

В случае задержки в поставке товара относительно сроков, предусмотренных / указанных / установленных в настоящем контракте, Продавец должен оплатить Покупателю штраф.

1) если; Покупатель; задержка; 4 месяца; поставка товара; иметь право; аннулировать; контракт.

____
____
____

2) Продавец; поставка; товар; дефектный; штраф; Покупатель; 10%; бракованный.

____
____
____

3) Продавец; нести ответственность; поставка товара; просрочка; обстоятельства; форс-мажорный; причина.

____
____
____

4）Продавец；Покупатель；нарушение；оплата товара；предъявить；выплата；неустойка.

5）стороны；нести ответственность；выполнение；ненадлежащий；условия；контракт.

6）Покупатель；иметь право；оплата товара；отказаться；качество；ненадлежащий；поставленный；нарушение；сроки.

3 Переведите на китайский язык.（俄译汉。）

1）В случае，если Продавец не поставит товары в течение 3 месяцев с даты получения денег на счёт Продавца，Продавец возвращает полученную сумму на расчётный счёт Покупателя.

2）Обязательства Продавца по срокам доставки приостанавливаются в случае нарушения их по вине портовых служб КНР и / или в стране назначения груза，морских грузоперевозчиков，ж / д перевозчиков，автотранспортных перевозчиков，работы таможенных органов.

3）В случае несоответствия веса товара，его размеров，качества，количества，вида упаковки и санитарных норм условиям настоящего контракта，всю ответственность несёт Продавец.

4）Стороны несут ответственность за неисполнение или ненадлежащее исполнение своих обязательств по контракту.

5）В случае несвоевременной оплаты Покупателем товара либо его части в соответствии с условиями контракта，Покупатель обязуется выплатить Поставщику пени.

6）Пени рассчитываются за период со дня возникновения просрочки до дня исполнения обязательства по поставке товара надлежащим образом.

7) При необоснованном отказе от приёмки товара Покупатель возмещает убытки в виде прямого ущерба и неполученной прибыли.

8) Право собственности на поставленный товар переходит к Покупателю с момента приёмки товара Покупателем.

4 Переведите следующие слова или словосочетания на русский язык. (汉译俄。)

1) 补偿费
2) 直接损失
3) 未交付货物
4) 不当履行义务
5) 未得利润

5 По образцам А, В, С составьте на русском языке пункт 10 торгового контракта. (根据示例A、B、C,用俄文续写贸易合同第10条款。)

Российское Акционерное общество (АО) «Весна», генеральный директор Сидорова Елена Ивановна покупает у китайской фирмы «Хуахуа», директор Ван Шуэй товар: искусственные цветы для интерьера.

Статья 10. Ответственность сторон. Санкции

6 Найдите и исправьте ошибки (неправильное использование слов) в торговых контрактах. (找出并纠正贸易合同中常见错误。)

Статья 10. Ответственность сторон. Санкции

10.1. Продавец несёт приветствие за современную поставку товара Покупателю в соответствии с условиями контракта.

10.2. Если поставка товара не будет производиться в установленные в контракте тайминги, Продавец назначает Покупателю шкаф / песни из расчёта 0,3% стоимости за каждый день опоздания.

10.3. Если опоздание превышает 20 дней, начисление шкафа / песни прекращается, и Продавец платит Покупателю сверх начисленной суммы стройку в размере 0,1% стоимости не купленного в срок товара.

10.4. Сторона, не исполнившая или ненадлежащим образом исполнившая свои обстоятельства по контракту, несёт приветствие, если не докажет, что надлежащее исполнение обстоятельств оказалось невозможным вследствие непреодолимой силы (фикс-минор), т. е. чрезвычайных и непредотвратимых обстоятельств.

7 Переведите условия контракта на китайский язык. (将合同条款译成汉语。)

Статья 10. Ответственность сторон

10. 1. Любая из сторон настоящего договора, не исполнившая обязательства по договору или исполнившая их ненадлежащим образом, несёт ответственность при наличии вины (умысла или неосторожности, небрежности, неосмотрительности) в соответствии с действующим законодательством Российской Федерации.

10. 2. Уплата неустойки (штрафа, пени) и возмещение убытков, причинённых ненадлежащим исполнением обязательств, не освобождает Стороны договора от исполнения обязательств по договору в полном объёме.

Раздел II Торговый контракт в различных сферах

第二部分 不同领域贸易合同

2

УРОК 9 БЫТОВАЯ ТЕХНИКА И ЭЛЕКТРОНИКА

第9课 家用电器和电子产品

Новые слова и выражения

MP3-плéер [э] MP3播放器
блéндер [э] 搅拌器；绞肉机
вáрочная панéль [э] 电灶台
вáфельница 华夫饼炉
видеоаппаратýра 视频设备
водонагревáтель 热水器
гáзовая плитá 煤气灶
индукциóнная плитá 电磁炉
кондиционéр 空调
кофевáрка 咖啡壶
кофемóлка 咖啡粉磨器
массажёр 按摩器
микроволновáя печь 微波炉
мúксер 搅拌器；打蛋器
морози́льная кáмера 冷冻室；冰柜
мультивáрка 智能电饭煲
мультипéчь 多功能烤箱
очисти́тель вóздуха 空气净化器
планшéт 平板电脑
посудомóечная маши́на 洗碗机
проéктор [э] 投影仪
пылесóс 吸尘器
рисовáрка 电饭煲
смартфóн 智能手机
соковыжимáлка 榨汁机
стереосистéма (аудиосистéма; акусти́ческая систéма) 立体声系统(音频系统；音响系统)
стирáльная маши́на 洗衣机
суши́льный шкаф 烘干柜
увлажни́тель вóздуха 空气加湿器
утю́г 熨斗
хлебопéчка 面包机
холоди́льник 冰箱
цифровáя аппаратýра 数字设备
электрочáйник 电水壶

Теоретическая справка

Бытовая техника подразделяется на три основных вида:

1. Крупная бытовая техника: холодильники, морозильные камеры, газовые плиты, индукционные плиты, микроволновые печи, посудомоечные машины, стиральные машины, сушилки для белья, сушильные шкафы, водонагреватели, кондиционеры и т. п.

2. Мелкая бытовая техника: соковыжималки, кофемолки, кофеварки, утюги, термометры, блендеры, миксеры, тостеры, вафельницы, электрочайники, мультиварки, рисоварки, хлебопечки и т. д.

3. Бытовая электроника — это популярные товары, которые охватывают широкий спектр категорий, например, телевизоры, стереосистемы, видеоаппаратура, MP3-плееры, настольные компьютеры, ноутбуки, планшеты, смартфоны, цифровые устройства и др.

家用电器主要分为以下三类：

1. 大型家用电器：冰箱、冰柜、燃气灶、电磁炉、微波炉、洗碗机、洗衣机、干衣机、烘干柜、热水器、空调等。

2. 小型家用电器：榨汁机、咖啡研磨机、咖啡壶、熨斗、温度计、搅拌机、打蛋器、烤面包机、华夫饼机、电热水壶、多功能电饭煲、电饭煲、面包机等。

3. 家用电子产品：这是一类广受欢迎的产品，涵盖了众多品类，如电视、立体声音响、视频设备、MP3 播放器、台式电脑、笔记本电脑、平板电脑、智能手机、数字设备等。

Упражнения и задания

1 **Распределите слова, данные в начале урока, по группам.**（将本课单词按照如下类别分组。）

Крупная бытовая техника для кухни	Мелкая бытовая техника для кухни	Бытовая техника для дома	Электроника и гаджеты

2 **Ознакомьтесь с образцом спецификации к торговому контракту на поставку товаров бытовой техники. Переведите документ на китайский язык.**（请查看家用电器供应贸易合同的规格说明书，将文件翻译成中文。）

Приложение № 2
к Контракту № 93-К
от 15. 10. 2024

СПЕЦИФИКАЦИЯ № 1 на поставку товара

№	Наименование товаров	Количество	Единица измерения	Цена за единицу, доллар	Сумма, доллар
1.	Газовая плита Smart Cooking	100	Шт.	22	2 200
2.	Индукционная варочная панель 2 000 W Kitchen	100	Шт.	35	3 500
3.	Кухонная вытяжная труба Slim Cooker	100	Шт.	48	4 800
Итого стоимость товаров по спецификации：					10 500

Стороны согласовали следующие условия поставки：

1. Условия оплаты：предоплата 100% от полной стоимости.
2. Гарантия：2 года на все товары бытовой техники.
3. Срок отгрузки со склада в городе Гуанчжоу：до 30（тридцати）календарных дней.
4. Доставка：организуется силами Продавца за счёт Покупателя.
5. Адрес доставки：622ххх, РФ, г. Москва, улица Мира, корпус х.
6. Контакт со стороны Продавца：Ван Джи +86 ххххххххххх.
7. Контакт со стороны Покупателя：Иванов Пётр Сергеевич +7 ххххххххххх.

Подписи сторон, согласовавших условия Спецификации：

Покупатель
Генеральный директор
ООО «Звёзда»
____________ К. В. Миронов

Продавец
Генеральный директор
Guangdong Cookermore Co. Ltd.
____________ Чжан Исинь

3 **Ответьте на следующие вопросы, опираясь на информацию из спецификации.**（根据规格说明书中的信息回答下列问题。）

1）Сформулируйте 1. 1. Предмет торгового контракта.

2）Кто является сторонами торгового контракта?

3）Сформулируйте две статьи торгового контракта：Статья 6. Оплата товара. Статья 7. Страхование и сохранность грузов при транспортировке.

4）Что покупатель хочет купить на общую сумму 3 500 долларов и в каком количестве?

5）Может ли Покупатель оплатить товар после получения товара? Почему?

6）Сколько времени есть у Продавца, чтобы отправить товар Покупателю?

7）Кто оплачивает доставку товара?

8) Найдите информацию о китайской компании Guangdong Cookermore Co. Ltd. и расскажите об этой компании на русском языке, в том числе, какую бытовую технику там производят.

4 Переведите на китайский язык следующие предложения. (俄译汉。)

1) Ассортимент компании предлагает покупателям огромное разнообразие смартфонов и планшетных компьютеров.

2) В 2010 году на Международной выставке бытовой техники и электроники в Берлине компания Technologies представила IDEOS — первый в мире смартфон на платформе Android 2. 2.

3) XXX — один из брендов бытовой техники международной компании XXX Group, которая является ведущей в сфере высоких технологий и считается маркой № 1 в мире по производству крупной бытовой техники.

4) У нас есть большой выбор бытовой электроники, который включает телевизоры, цифровые фотоаппараты, калькуляторы, аудио устройства, наушники, видеокамеры.

5) XXX — мировой производитель «умных» телевизоров. Дочерняя компания XXX Home Appliances Group Co., Ltd. занимается производством стиральных машин, холодильников, кондиционеров, систем микроклимата для автомобилей.

5 Найдите информацию о китайской компании Qingdao XXX Electric Appliances Co., Ltd. Кратко расскажите, где находится и что производит эта компания. (查找有关中国公司青岛 XXX 电器有限公司的信息,简短介绍一下该公司坐落位置及生产信息。)

УРОК 10 ОДЕЖДА И ТЕКСТИЛЬ
第10课 服装和纺织品

Новые слова и выражения

бельё 内衣;床单被套类
бренд; бре́ндовый 品牌;品牌的
ве́рхняя оде́жда 外衣
водонепроница́емый 防水的,不透水的
воздухопроница́емый 透气的
волокно́ (мн. воло́кна) 纤维
дресс-ко́д 着装要求
мех, мехово́й 皮草,毛皮的
мо́да, мо́дный 时尚,时尚的
перча́тки 手套
повседне́вная (оде́жда) 休闲(服装)
полиурета́новое покры́тие 聚氨酯涂料
полиами́д 聚酰胺,尼龙
полиэ́стер 聚酯纤维
пря́жа 细纱
светоотража́ющий; отража́ющий свет 反光;镜光
стиль, сти́льный 风格,别具风格的
тексти́ль, тексти́льный 纺织品,纺织的
ткань, материа́л 面料,布料
УФ-защи́та, защи́тный 紫外线防护,防护的
фи́рма, фи́рменный 公司、商行,商行的
фо́рма, фо́рменный 形式,制服的
функциона́льный 职能的,功能的
хло́пок, хло́пковый 棉花,棉花的
шёлк, шёлковый 丝绸,丝绸的
шерсть, шерстяно́й 毛料,毛的、毛线的

Теоретическая справка

Одежда и текстиль являются неотъемлемой частью нашей жизни. Текстильные материалы используются не только для производства одежды, но и для создания домашних текстильных изделий, таких как постельное бельё, шторы и ковры. В последние годы российский рынок одежды и текстиля активно развивается, но всё

服装和纺织品是我们生活中不可或缺的一部分。纺织材料不仅用于制作服装,还广泛应用于家纺领域,如床上用品、窗帘和地毯等。近年来,俄罗斯的服装和纺织品市场发展迅速,但本国的生产能力仍存在不足,因此需要从中国、意大利等国家

ещё испытывает дефицит в производстве собственных изделий. В связи с этим Россия импортирует значительное количество текстильных изделий и одежды из других стран, таких как Китай и Италия.

进口大量的纺织品和服装。

Кроме того, текстильные материалы также применяются в различных промышленных секторах, например, в медицине и строительстве. С развитием новых технологий и материалов, текстильная промышленность продолжает эволюционировать, предлагая всё больше инновационных решений.

此外,纺织材料还被广泛应用于医学、建筑等多个工业领域。随着新技术和新材料的不断发展,纺织工业也在不断演进,为人们提供更多优质的解决方案。

Упражнения и задания

1 **Распределите слова по группам. При необходимости воспользуйтесь словарём для перевода незнакомых слов.**(将单词分组。如有需要,可使用词典翻译不认识的单词。)

блу́зка, брю́ки, ветро́вка, водола́зка, го́льфы, дже́мпер, джи́нсы, дождеви́к, жиле́т, кашеми́р, ко́жа, колго́тки, костю́м, ко́фта, ку́ртка, лён, мерино́с, мех, ночна́я руба́шка, пальто́, пижа́ма, пла́тье, плащ, полиэ́стер, пухови́к, руба́шка, синте́тика (синтети́ческие воло́кна), термобельё, трусы́, футбо́лка, хала́т, хло́пок, шёлк, шерсть, шо́рты, шу́ба, ю́бка

Верхняя тёплая одежда для зимы и осени	Ткани, материал для изготовления одежды	Домашняя одежда, бельё	Повседневная мужская и женская одежда

2 **Ознакомьтесь с образцом торгового контракта на пошив и поставку форменной одежды. Переведите документ на китайский язык.**（请查看制服缝制及供应贸易合同样本，将文件翻译成中文。）

Контракт № 77

оказания услуг по пошиву и поставке форменной одежды

ПАО «Сбербанк России», именуемое в дальнейшем «Заказчик», в лице генерального директора Грефа Германа Оскаровича, с одной стороны, и Nuolang (Guangdong) Garment Industry Co., Ltd., именуемое в дальнейшем «Исполнитель», в лице генерального директора Шена Юньяня, с другой стороны, в дальнейшем совместно именуемые «Стороны», заключили настоящий Контракт.

Статья 1. Предмет Контракта

1.1. Заказчик поручает, а Исполнитель принимает на себя обязательства по заявке Заказчика оказать услуги по пошиву и поставке форменной одежды (далее по тексту — Товар), в соответствии с условиями настоящего Контракта, а Заказчик обязуется принять и оплатить товар.

1.2. Требования к Товару, его номенклатура, количество и срок поставки изложены в Спецификации (Приложение № 1), являющейся неотъемлемой частью настоящего Контракта.

1.3. Товар по настоящему Контракту поставляется партиями. Объём каждой партии и номенклатура Товара, стоимость и срок поставки, а также наименование и адрес получателя согласовываются Сторонами в спецификациях, которые после подписания Сторонами становятся неотъемлемой частью настоящего Контракта.

3 **Ответьте на вопросы и выполните задания, касающиеся контракта.**（回答问题并完成与合同相关的任务。）

1) Что такое форменная одежда? Приведите примеры, кто может быть заказчиком формы для своих работников, сотрудников.

2) Что должен будет сделать Исполнитель по условиям торгового контракта?

3) Сформулируйте на своё усмотрение Статью 2. Цена и общая стоимость контракта.

4) Заполните Спецификацию, самостоятельно выбрав возможного Заказчика с российской стороны и Исполнителя с китайской стороны（自主选择俄方的订货方和中方的执行方，填写规格说明书）：

Приложение № 1

к Контракту №____

от «____» ________ 20____ года

СПЕЦИФИКАЦИЯ

по пошиву форменной одежды для ________________

Адрес доставки: ________________________________

№ п/п	Наименование товара / Форменная одежда	Срок носки, лет	Общее количество, единиц	Срок изготовления и поставки	Цена за единицу товара, юани	Общая стоимость, юани
1.						
2.						
3.						
4.						
Итого:						

Исполнитель

____

____

Заказчик

____

____

4 Переведите на китайский язык следующие предложения.（俄译汉。）

1）Настоящая Спецификация к Договору вступает в юридическую силу со дня её подписания сторонами и является неотъемлемой частью Договора.

____

2）Специальная одежда — это средство индивидуальной защиты, предназначенное для защиты от вредных и опасных факторов для здоровья сотрудника на рабочем месте.

____

3）Магазин начал продавать одежду молодых дизайнеров, футболки с необычными принтами, джинсы с вышивкой и текстиль.

____

4) Одежда и обувь составляют большую часть объёма продаж на российской интернет-площадке Wildberries, сами продавцы в исследованиях называют Wildberries самой подходящей площадкой для этих категорий.

5) В соответствии с законодательством РФ с 1 марта 2025 года стартует третья волна маркировки одежды. В неё попала детская одежда, нижнее бельё, купальники, перчатки, носки, головные уборы и другие товары.

5 **Найдите информацию о китайской компании XX. Кратко расскажите, где находится и что производит эта компания.** (查找有关中国 XX 公司的信息,简短介绍一下该公司坐落位置及生产信息。)

УРОК 11 ПРОДУКТЫ ПИТАНИЯ

第11课 食品

Новые слова и выражения

агра́рный 农业的,农田的

ара́хис 花生

ва́фли 华夫饼

греч́иха, гре́чневый 荞麦,荞麦的

животново́дство 畜牧业

жир, жирово́й 油脂,脂肪的

инде́йка 火鸡肉

конди́терский, конди́терские изде́лия 糖果点心的,糖果产品

конфе́ты 糖果

креве́тки 虾

кукуру́за 玉米

ку́рица 鸡肉

майоне́з 蛋黄酱

маргари́н 人造奶油

масложирова́я проду́кция 油脂产品

минта́й 明太鱼

моллю́ски 贝类

морепроду́кты 海产品类

моро́женая ры́ба 冷冻鱼

мука́ 面粉

оре́х, оре́ховый 核桃,核桃的

охлаждённый 冷藏的

пече́нье 饼干

подсо́лнечное ма́сло 葵花油

птицево́дство 家禽业

ракообра́зные 甲壳类

ра́псовое ма́сло 菜籽油

сгущённое молоко́ 炼乳

сельдь 鲱鱼

сельскохозя́йственный 农业的

сморо́дина 黑豆

со́я 大豆

треска́ 鳕鱼

фасо́ль 菜豆

шокола́д, шокола́дный 巧克力,巧克力的

Теоретическая справка

Продукты питания — это вещества, которые могут быть употреблены человеком в пищу или в качестве напитков, и являются основой для поддержания жизни и здоровья. Существует множество видов продуктов питания, которые можно классифицировать по происхождению,

食品是指可供人类食用或饮用的物质,是维持生命和健康的基础。食品的种类繁多,可以根据来源、加工方式和营养价值进行分类。常见的食品包括谷物、肉类、蔬菜、水果、奶制品和饮料等。

способу обработки и питательной ценности. К наиболее распространенным продуктам питания относятся зерновые, мясо, овощи, фрукты, молочные продукты и напитки.

Зерновые, такие как рис, пшеница и кукуруза, являются основными источниками энергии для человека, так как содержат углеводы. Мясо (например, говядина, свинина и курица) является важным источником белка, а также содержит железо и витамины группы B. Овощи и фрукты богаты витаминами, минералами и пищевыми волокнами, которые важны для поддержания здоровья и укрепления иммунитета. Кроме того, молочные продукты (например, молоко, йогурт и сыр) являются хорошими источниками кальция и белка, подходящими для всех возрастных групп.

谷物,如大米、小麦和玉米,是人类的主要能量来源,因为它们含有碳水化合物。肉类(如牛肉、猪肉和鸡肉)是蛋白质的重要来源,同时还含有铁和维生素B族。蔬菜和水果富含维生素、矿物质和膳食纤维,对维持身体健康和增强免疫力至关重要。此外,奶制品(如牛奶、酸奶和奶酪)是钙和蛋白质的良好来源,适合各个年龄段的人群。

Способы обработки продуктов также влияют на их питательную ценность и безопасность. Например, свежие продукты обычно сохраняют наибольшее количество питательных веществ, в то время как переработанные продукты могут подвергаться термической обработке, заморозке или добавлению консервантов для продления срока годности. Кроме того, безопасность продуктов питания является важным аспектом современной жизни. Потребители должны обращать внимание на дату производства, срок годности и соответствие продуктов стандартам безопасности.

食品的加工方式也会影响其营养价值和安全性。例如,新鲜食品通常保留了最多的营养成分,而加工食品可能经过加热、冷冻或添加防腐剂等处理,以延长保质期。此外,食品安全是现代生活中的一个重要方面。消费者需要关注食品的生产日期、保质期以及是否符合食品安全标准。

Упражнения и задания

1 **Распределите слова по группам. При необходимости воспользуйтесь словарём для перевода незнакомых слов.**(将单词分组。如有需要,可使用词典翻译不认识的单词。)

ара́хис, апельси́ны, ара́хисовое ма́сло, баклажа́ны, бата́т, бара́нина, говя́дина, говя́жий жир, горо́х, грейпфру́т, гречи́ха, инде́йка, кабачки́, капу́ста-кольра́би, карто́фель, креве́тки, кукуру́за, ку́рица, лимо́ны, лук-поре́й, льняно́е ма́сло, майоне́з, мандари́ны, маргари́н, минта́й, моллю́ски, овёс, оли́вковое ма́сло, подсо́лнечник, подсо́лнечное ма́сло, помидо́ры, пшени́ца, ра́ки, ра́псовое ма́сло, рис, рожь, свини́на, сельдь, со́евое масло, со́я, стручко́вая фасо́ль, треска́, хло́пковое ма́сло, я́блоки

Масложировая продукция	Сельскохозяйственные культуры	Морепродукты, рыбная и мясная продукция	Овощи и фрукты

2 **Ознакомьтесь с образцом спецификации к торговому контракту на поставку кондитерских изделий. Посчитайте и заполните столбец «Стоимость» товара. Переведите документ на китайский язык.** (请查看糖果供应合同规格说明书,计算并填写产品的“价值”列,并将文件翻译成中文。)

Приложение № 2
к Контракту № 23-К
от 01. 11. 2026

СПЕЦИФИКАЦИЯ № 1 на поставку товара

№	Наименование товаров	Кол-во	Единица измерения	Цена за единицу, юани	Стоимость, юани
1.	Конфеты «Lusso» со вкусом чёрной смородины	150	кг	42	
2.	Конфеты шоколадно-ореховые «Крокант»	180	кг	46	
3.	Печенье со вкусом сгущённого молока «Яшкино»	200	пачка	35	
Итого стоимость товаров по спецификации:					

По условиям контракта оплата производится в два этапа. Сначала производится авансовый платёж в размере 30% от общей стоимости товаров, в срок не позднее 5 (пяти) рабочих дней со дня выставления счёта Продавцом. На втором этапе, после получения Покупателем уведомления об отгрузке товара, Покупатель выплачивает оставшиеся 70% общей стоимости товаров согласно данной Спецификации — также в течение 5 (пяти) рабочих дней.

Срок исполнения отгрузки не более 3 (трёх) недель со дня зачисления авансового платежа на счёт Продавца.

Подписи сторон, согласовавших условия Спецификации:

Покупатель	Продавец
Генеральный директор	Генеральный директор
Beijing Meidan Food Co., Ltd.	Кондитерской фабрики «Яшкино КДВ Групп»
________________ Фэн Люяо	________________ Макеева Е. В.

3 **Ответьте на вопросы и выполните задания, опираясь на информацию из спецификации.** (根据规格说明书中的信息回答问题并完成任务。)

1) Сформулируйте Статью 5. Отгрузка и транспортировка товара.

2) Какую сумму авансового платежа должен оплатить Покупатель?

3) Что должна будет сделать китайская компания Beijing Meidan Food Co., Ltd., когда получит уведомление об отгрузке товара из России?

4) Что покупатель хочет купить на общую сумму 8 280 юаней и в каком количестве?

5) Может ли Покупатель оплатить товар после получения товара? Почему?

6) Сколько времени есть у Продавца, чтобы отправить товар Покупателю?

7) Найдите информацию о российской кондитерской фабрике «Яшкино КДВ Групп» и расскажите, что она производит и какую продукцию экспортирует в Китай.

4 **Переведите на китайский язык следующие предложения.** (俄译汉。)

1) В Россию из Китая поставляют 26% всего лука-порея, 24% огурцов, 27% моркови и 21% баклажанов.

____

2) На долю грейпфрутов из Китая на российском рынке приходится более 90 тысяч тонн, на долю мандаринов — более 71 тысячи тонн, лимонов — около 30 тысяч тонн.

____

3) Основной объём российских поставок в Китай составляют масложировая продукция, а также рыба и морепродукты.

____

4) Поставщик обязуется осуществить поставку пищевой продукции в установленные контрактом сроки и обеспечить соответствие ассортименту, наименованию и количеству, указанному в Спецификациях.

____

5）При поставке продуктов питания заказчик тщательно контролирует не только количество, качество товаров и срок их годности, но также сохранность упаковки и соблюдение условий перевозки.

5 **Прочитайте и переведите на китайский язык спецификацию на поставку мяса. Заполните пустые места спецификации.**（请阅读并翻译肉类供应的规格说明书，并填写规格说明书的空白处。）

Слова для справок：
цыпля́та-бро́йлеры — 肉鸡
ту́шка — 肉块
ГМО（*ге́нно-модифици́рованные органи́змы*）— 转基因生物
кость（*-и*）— 骨头
кру́пный кусо́к，*крупнокусково́й* — 一大块
консисте́нция — 稠度，浓度
полуфабрика́т — 半成品
заморо́женный — 冰冻的
разморо́женный — 解冻的
потрошёный — 去内脏的

Приложение № 1
к Контракту № 46-К
от 01. 01. 2025

СПЕЦИФИКАЦИЯ № 1
на поставку мяса

№	Наименование продуктов	Потребительские свойства товара	Ед. изм.	Кол-во	Цена за ед. / руб.	Сумма / руб.
1.	Куры（мясо птицы-бройлера）	Мясо птицы — цыплята-бройлеры потрошёные（тушка）1 сорта, охлаждённые, в индивидуальной упаковке, вес тушки 1 100 грамм. Продукция не содержит сои и ГМО. Страна происхождения — Россия.	кг	140	XX	XX
2.	Мясо говядина	Мясо говядины, замороженное, без кости из говядины 1 категории. Продукция не содержит сои и ГМО. Страна происхождения — Россия.	кг	440	XX	XX

续表

№	Наименование продуктов	Потребительские свойства товара	Ед. изм.	Кол-во	Цена за ед. / руб.	Сумма / руб.
3.	Свинина полуфабрикат	Мясо (бескостное, крупнокусковое), в упаковке, в замороженном виде. У размороженного полуфабриката цвет красный, жир мягкий частично окрашен в ярко-красный цвет, цвет свойственный данному виду мяса, консистенция мяса на разрезе плотная, упругая. Страна происхождения — Россия.	кг	60	XX	XX
4.	Индейка (мясо птицы)				XX	XX
Итого:						XXX

УРОК 12 ПАРФЮМЕРНО-КОСМЕТИЧЕСКАЯ ПРОДУКЦИЯ

第 12 课 化妆品

Новые слова и выражения

антиперспира́нт 止汗剂
бальза́м 香膏
бро́ви 眉毛
воск 蜡,蜂蜡
гель 凝胶
гу́бы 嘴唇
губна́я пома́да 口红
дезодора́нт 体香剂,除臭剂
декорати́вная косме́тика 彩妆
духи́ 香水
зубна́я па́ста 牙膏
зубно́й порошо́к 牙粉
конси́лер (от англ. Concealer) 遮瑕
косме́тика, космети́ческий 化妆品,化妆的
космеце́втика 保养品
крем 面霜
лак для воло́с 发胶
лосьо́н 润肤液
маржина́льность 保证金;边缘性
макия́ж 化妆
маникю́р, маникю́рные 修指甲,修指甲的
мы́ло 肥皂
натура́льный 纯天然的
но́гти 指甲
одеколо́н 古龙水
парфюме́рия, парфюме́рный 芳香制品、香料,化妆品的
по́лость рта 口腔
пу́дра 粉饼
ресни́цы 睫毛
румя́на 腮红
сы́воротка 精华液
тона́льный крем 粉底霜
туале́тная вода́ 香水
тушь для ресни́ц 睫毛膏
ухо́д, уха́живать (за чем) 护理
флосс (-ы) 牙线
хайла́йтер (от англ. Highlighter) 高光粉
шампу́нь 洗发水
эфи́рное ма́сло 香精油

Теоретическая справка

Парфюмерно-косметическая продукция — это средства, предназначенные для наружного нанесения на кожу, волосы, ногти, губы, зубы и др. с целью их очищения, изменения их внешнего вида,

化妆品是指用于外部涂抹在皮肤、头发、指甲、嘴唇、牙齿等部位的产品,目的是清洁这些部位、改变其外观、增添香味,以及(或)纠正体味,

придания приятного запаха, и (или) коррекции запаха тела и (или) их защиты или сохранения в нормальном состоянии. Косметическая продукция отличается значительным разнообразием и варьируется от повседневных гигиенических продуктов, таких как мыло, шампунь, дезодоранты и зубная паста, до люксовой продукции, такой как духи, предметы макияжа и другие. Производство и стандарты этой продукции регулируются на национальном и международном уровнях с целью обеспечения безопасности потребителей.

Мировым лидером в области косметической промышленности, а также крупнейшим экспортером является Азиатско-Тихоокеанский регион. Другими крупными производителями косметики являются Европа и США.

并(或)保护这些部位或使其保持正常状态。化妆品种类繁多,涵盖范围从日常卫生用品,如肥皂、洗发水、除臭剂和牙膏到奢侈品,如香水、彩妆用品等。这些产品的生产和标准在国家和国际层面上受到监管,以确保消费者的安全。

亚太地区是全球化妆品行业的领导者,也是最大的出口区域。其他主要化妆品制造商是欧洲和美国。

Упражнения и задания

1 **Распределите слова по группам. При необходимости воспользуйтесь словарём для перевода незнакомых слов.** (将单词分组。如有需要,可使用词典翻译不认识的单词。)

антиперспира́нт, бальза́м, гель, губна́я пома́да, дезодора́нт, духи́, зубна́я па́ста, зубно́й порошо́к, каранда́ш для брове́й, каранда́ш для губ, кондиционе́р, конси́лер, крем для лица́ (рук, те́ла), лак для воло́с, ла́ки маникю́рные, лосьо́н, мы́ло, одеколо́н, опола́скиватель, парфюме́рная (парфюми́рованная) вода́, пе́нка, пу́дра, румя́на, сре́дство для сня́тия ла́ка, сре́дство для укрепле́ния ногте́й, сухи́е духи́, сы́воротка, тона́льный крем, туале́тная вода́, тушь для ресни́ц, фло́ссы, хайла́йтер, шампу́нь

Средства для ухода за кожей и волосами	Декоративная косметика	Парфюмерия	Средства для ухода за полостью рта и за ногтями

2 **Ознакомьтесь с образцом спецификации к торговому контракту на поставку косметической продукции. Переведите документ на китайский язык.** (请查看化妆品供应贸易合同的规格说明书,将文件翻译成中文。)

Приложение № 1

к Контракту № 7

от «10» февраля 2025 г.

Спецификация

№ п/п	Наименование поставляемого товара	Единица измерения	Кол-во	Цена, юани	Стоимость, юани
1.	Бальзам для волос	Штука	1 000	35	35 000
2.	Воск для укладки волос	Штука	1 000	24	24 000
3.	Краска для волос(цвет 8.34)	Штука	5 000	80	400 000
4.	Крем-краска для волос(цвет 7.23)	Штука	5 000	80	400 000
5.	Лак для волос	Штука	2 000	56	112 000
6.	Спрей-бальзам для волос	Штука	1 500	54	81 000
7.	Шампунь 550 ml	Штука	3 000	105	315 000
8.	Кондиционер	Штука	3 000	75	225 000

Всего наименований — 8, на сумму 1 592 000 (один миллион пятьсот девяносто две тысячи) китайских юаней, RMB.

1. **Общие требования к товару, требования к его качеству, потребительским свойствам.**

Товар должен соответствовать количеству и комплектности, указанным в спецификации. Поставляемый товар должен быть новым, ранее не использованным. Упаковка товара и грузовая тара должны обеспечивать сохранность товара, исключить его порчу и уничтожение при погрузо-разгрузочных работах и транспортировке к конечному месту эксплуатации и хранения.

2. **Место поставки товара**: Российская Федерация. Тульская область, г. Тула, ул. Рязанская * *.

3. **Сроки поставки товаров**: в течение 3 (трёх) месяцев с момента заключения контракта.

4. **Условия поставки товаров**: поставка товара на территории КНР осуществляется силами и за счёт Поставщика. Все виды погрузо-разгрузочных работ на территории КНР осуществляются Поставщиком. Поставщик должен уведомить Заказчика о точном времени и дате отгрузки товара не менее чем за 2 календарных дня до даты его отгрузки.

5. **Оплата товара**: Заказчик вносит авансовый платёж в размере 50% от общей стоимости товара до начала отгрузки товара, оставшуюся сумму в размере 50% Заказчик выплачивает в течение недели (7 рабочих дней) после получения и приёмки товара.

Поставщик	Заказчик
GUANGZHOU MOON COSMETIC CO., LTD	ООО «Стиляга»
Директор	Директор
____________ / Ли Яо	____________ / Л. В. Мишкина

3 Ответьте на вопросы, опираясь на информацию из спецификации. (根据规格说明书中的信息回答问题。)

1) Сформулируйте Статью 4. Качество товара, упаковка и маркировка (см. Раздел 1. Урок 3).

2) Какую сумму авансового платежа должен оплатить Заказчик?

3) Какие требования у Заказчика к упаковке товара?

4) Что Заказчик хочет купить на общую сумму 315 000 юаней и в каком количестве?

5) Может ли Заказчик оплатить товар после получения товара? Почему?

6) Кто оплачивает доставку товара и несёт ответственность за отгрузку на территории КНР?

4 Переведите на китайский язык следующие предложения. (俄译汉)

1) Предметом настоящего Контракта является поставка эфирных масел, косметических и парфюмерных средств на основе эфирных масел под товарным знаком * * (далее — «Товар»).

____

2) Из-за низкой маржинальности торговля косметикой требует больших объёмов продаж и частых закупок.

____

3) Растущие расходы потребителей на косметику и товары личной гигиены, а также популярность премиальных брендов косметики среди знаменитостей являются основными двигателями международной торговли.

____

4) Примерно половина косметических брендов также разрабатывает космецевтику — активную косметику на стыке косметологии и фармакологии.

____

5）Компоненты натуральной косметики щадящим образом относятся к коже，не приводят к развитию негативных последствий，которые часто несёт в себе химия.

5 **Подготовьте краткое сообщение о том，какая российская косметика представлена на китайском рынке：название косметической компании，ассортимент，основные характеристики，почему привлекает китайских покупателей и т. п.**（准备一份关于俄罗斯化妆品在中国市场上有代表性的简短信息：化妆品公司的名称、品种、主要特征、吸引中国买家的原因等。）

第13课 日用化工品与生活日用品

Новые слова и выражения

антижи́р 抗凝剂
антипригáрный гель 抗凝冻胶
антибактериáльный 抗菌的
аэрозóль, аэрозóльный 气溶胶,气溶胶的
бумáжные салфéтки 纸巾
бытовáя хи́мия 日用化工品
вáнтуз 马桶抽
ведрó 水桶
водоотталкивающая пропи́тка 防水浸胶
воск 蜡
гель 凝胶体
гипоаллергéнный 防止过敏
гу́бка 海绵
дезинфици́ровать, дезинфици́рующий 消毒,消毒的
защи́та, защи́тный 保护,防护的
кáпсулы 胶囊
кли́нинг, кли́нинговый (от англ. clean) 清洁服务,保洁的
консистéнция 稠度
ли́пкий рóлик (вáлик) 粘毛滚筒
мелами́новый (мелами́новая гу́бка) 三聚氰胺(三聚氰胺海绵)
мешки́ для му́сора 垃圾袋
микрофи́бра 超细纤维
мытьё посу́ды 洗碗
освежи́тель вóздуха 空气清新剂
отбéливатель 漂白剂
отду́шка 香料
пенообразовáние 起泡沫
пергáментная бумáга 吸油纸
полотéнце 毛巾
пятновыводи́тель 去污剂
салфéтка 餐巾
спрей 喷雾剂
сти́рка 洗衣服
туалéтная бумáга 卫生纸
фáртук 围裙
хозя́йственные товáры 生活日用品,家居用品
целлюлóза 纸浆;纤维素
швáбра 拖把
щётка 刷子

Теоретическая справка

Бытовая химия — это группа товаров из

日用化工品是指由非食品级化

непродовольственных химических соединений, предназначенная для решения бытовых задач, для поддержания чистоты, для ухода за домом и вещами в нём. К ней относятся средства для уборки помещений, стирки, дезинфекции, мытья посуды и техники, ухода за мебелью и одеждой. Хозяйственные товары — это в широком смысле все принадлежности, используемые в хозяйстве: обустройство дома, дачи, уборка и приготовление пищи, оборудование кухни и ванной комнаты.

Сотрудничество между Россией и Китаем в сфере бытовой химии представляет собой важный элемент их экономических отношений. Бытовая химия и хозяйственные товары занимают одну из важных позиций среди российского импорта из Китая и входят в тройку наиболее значимых товарных категорий. В рамках долгосрочных соглашений и переговоров между Россией и Китаем были снижены таможенные пошлины на ряд товарных позиций, включая бытовую химию. Это снижает финансовую нагрузку на компании при ввозе товаров и делает китайскую бытовую химию более доступной для российских потребителей.

合物制成的一类产品，旨在处理日常家务、保持清洁、护理房屋和家中的物品。其中包括房间清洁用品、洗衣用品、消毒用品、餐具和家电清洗用品、家具和衣物护理用品。从广义上讲，生活日用品是家务中使用的所有物品：包括房屋、别墅的布置，清洁和烹饪用具、厨房及浴室设备。

中俄两国在日用化工品领域的合作是其经济关系的重要组成部分。日用化工品和生活日用品在俄罗斯从中国的进口产品中占据最重要的位置之一，是三个最重要的产品类别之一。根据中俄之间的长期协议和谈判，包括日用化工品在内的一系列商品的关税已被降低。这减轻了企业进口商品时的经济负担，也使中国生产的日用化工品更能满足俄罗斯消费者的需求。

Упражнения и задания

1 **Распределите слова по группам. При необходимости воспользуйтесь словарём для перевода незнакомых слов.**（将单词分组。如有需要，可使用词典翻译不认识的单词。）

антижи́р, антипригáрный гель, бумáжные салфéтки, вáнтуз, ведрó, влáжные салфéтки, водооттáлкивающая пропи́тка, щётка, срéдство для мытья́ посу́ды, воск, гель для мытья́ посу́ды, гель для сти́рки, гу́бка из целлюлóзы, защи́тный спрей (от влáги, грязи, реагéнтов), кáпсулы для сти́рки / для посудомóечной маши́ны, кондиционéр, крем для óбуви, ли́пкий рóлик (вáлик), мелами́новая гу́бка, мешки́ для му́сора, мы́ло, отбéливатель, пáста от жи́ра и нагáра, пéна для чи́стки духóвки, пергáментная бумáга, полотéнце, пятновыводи́тель, рези́новые перчáтки, салфéтки из микрофи́бры, совóк, спрей дезинфици́рующий, спрей для óкон и зеркáл, срéдства от нáкипи, стирáльный порошóк, табле́тки для сти́рки / для посудомо́ечной маши́ны, туале́тная бума́га, фа́ртук, чи́стящее сре́дство для ра́ковины и санте́хники, шва́бра

Средства для стирки и ухода за одеждой и обувью	Моющие средства для кухни и уборки квартиры	Хозяйственные товары

2 **Ознакомьтесь с образцом спецификации к торговому контракту на поставку бытовой химии. Переведите документ на китайский язык.**（请查看日用化工品供应贸易合同的规格说明书，将文件翻译成中文。）

Приложение № 1
к Контракту № 25
от «20» ноября 2024 г.

Спецификация

№ п/п	Наименование товара	Единица измерения	Общее кол-во товара	Цена за единицу товара	Сумма, юани
1.	Порошок стиральный TSL Clean	Килограмм	1 200	XX	XXX
2.	Мешок для мусора, объём 2–3 литра	Штука	500	XX	XXX
3.	Губка для мытья посуды из целлюлозы	Упаковка по 4 штуки	400	XX	XXX
4.	Салфетки бумажные 2-слойные	Упаковка по 6 штук	500	XX	XXX
5.	Полотенце бумажное 3-слойное	Упаковка по 4 штуки	250	XX	XXX
6.	Средство для мытья посуды FAIRY, 3 литра	Штука	300	XX	XXX
7.	Бумага туалетная 2-слойная	Штука	1 000	XX	XXX
8.	Средство для мытья стёкол и зеркал 500 мл, LIME PROFESSIONAL	Штука	200	XX	XXX
9.	Мыло жидкое 1 литр, ЗОДИАК, антибактериальное, «Алоэ-вера»	Штука	300	XX	XXX
10.	Освежитель воздуха аэрозольный, 300 мл	Штука	350	XX	XXX
Итоговая сумма:					XXXXXX

Поставщик
Zhejiang XXX Technology Co., Ltd.
Генеральный директор
_______________ Ван Чжао

Заказчик
ООО «XXX»
Генеральный директор
_______________ Ю. П. Верников

3 **Ознакомьтесь с документом, в котором Заказчик даёт описание товара. Самостоятельно заполните пункт 3.**（请查看客户提供的产品描述，独立填写第3点。）

Приложение № 2

к Контракту № 25

от «20» ноября 2024 г.

Описание объекта закупки

на поставку бытовой химии и хозяйственных товаров.

Требования к функциональным, техническим и эксплуатационным характеристикам товара.

№ п/п	Наименование товара и его показателей	Характеристики товара
1.	**Порошок стиральный**	
1.1	Назначение	Для машинной стирки цветных изделий из х/б, льняных, синтетических тканей и тканей из смешанных волокон
1.2	Консистенция	Порошок
1.3	Отдушка	Наличие
1.4	Тип упаковки	Пакет
1.5	Вес упаковки, кг	Не менее 3
2.	**Мешок для мусора**	
2.1	Объём, л	Не менее 30
2.2	Цвет	Чёрный
2.3	Плотность, мкм (микрон)	Не менее 80
2.4	Тип упаковки	Рулон
2.5	Количество в упаковке, шт.	Не менее 30
2.6	Материал	Полиэтилен
3.	**Губка для посуды**	
3.1	Назначение	
3.2	Материал губки	
3.3	Количество в упаковке, шт.	
3.4	Размер, мм (миллиметр)	
3.5	Цвет	

4 **Переведите на китайский язык следующие предложения.**（俄译汉。）

1) Поставщик обязуется передать Заказчику моющие, чистящие средства (далее — товар) в ассортименте, количестве и по качеству, указанному в Спецификации (приложение №1), являющейся неотъемлемой частью контракта.

2) Моющие средства для стёкол и зеркал должны эффективно удалять загрязнения с поверхности стекла, не оставив разводов и мутных подтёков.

3) Под каждую домашнюю задачу есть своё химическое средство, чаще всего сразу несколько. Например, для одной только стирки есть капсулы, жидкости, гели и порошки.

4) Главным преимуществом магазина по реализации хозяйственных товаров становится отсутствие жёстких рамок по ассортименту. Такой магазин может включать различные товары от швабры до мелкой бытовой техники.

5) На оптовых рынках хозяйственных товаров Китая можно купить всё для домашнего и профессионального клининга, товары для стирки, глажки, чистки ванны, уборки квартиры, ухода за одеждой и обувью.

5 **Подготовьте краткое сообщение о китайской компании Dongguan XXX Washing Products Co., Ltd.** (准备一份东莞市 XXX 洗涤用品有限公司的简介。)

УРОК 14 АВТОМОБИЛИ И АВТОКОМПОНЕНТЫ

第 14 课 汽车与汽车配件

Новые слова и выражения

автомоби́льный инве́ртор 汽车逆变器
автопро́м 汽车工业
амортиза́торы 减震垫
антискользя́щий ко́врик 防滑垫
антифри́з 防冻剂
ба́мпер 保险杠
бензи́н 汽油
внедоро́жник 越野车
дви́гатель 发动机
держа́тель для смартфо́на 智能手机支架
домкра́т 起重器
запасны́е ча́сти (запча́сти, автозапча́сти) 备件
кабриоле́т 敞篷车
капо́т 引擎盖
колёса 车轮
компре́ссор 压缩机
кроссо́вер 城市越野车
ку́зов 车身
лимузи́н 轿车
миниве́н 商务车
моде́ль 式样
мото́рное ма́сло 发动机油
нейтрализа́тор за́паха 气味中和剂
пика́п 皮卡车
подве́ска (за́дняя, пере́дняя) (后、前)支架;悬挂
подши́пник 轴承
противотума́нные фа́ры 防雾车灯
размора́живатель стёкол и замко́в 车窗和门锁解冻剂
руль, рулево́е колесо́ 方向盘
свеча́ зажига́ния 火花塞
седа́н 轿车
систе́ма охлажде́ния 冷却系统
сцепле́ние 离合器
Те́сла 特斯拉
то́рмоз; тормозны́е ди́ски и коло́дки 制动器;刹车盘和刹车片
трансми́ссия 传动装置
Ха́ммер 悍马
хэтчбе́к 两厢车
чехлы́ на сиде́нья 座椅套
ши́ны 外轮胎
электромоби́ль 电动汽车

Теоретическая справка

Автомобиль представляет собой сложный

汽车是由多个复杂的系统和零

транспортный механизм, состоящий из множества систем и компонентов. Основная функция автомобиля — преобразование химической энергии топлива в механическую энергию, которая приводит в движение колёса. Основные части автомобиля включают кузов, двигатель, шасси и электрическую систему.

部件组成的交通工具,其主要功能是通过发动机将燃料的化学能转化为机械能,从而驱动车辆行驶。汽车的基本组成部分包括车身、发动机、底盘和电气系统。

Кузов автомобиля выполняет функцию оболочки, обеспечивая пространство для пассажиров и защищая их от внешних воздействий. Двигатель является « сердцем » автомобиля, и наиболее распространены бензиновые, дизельные и гибридные двигатели. Шасси включает в себя подвеску, рулевое управление и тормозную систему, которые обеспечивают устойчивость и безопасность автомобиля.

车身是汽车的外壳,不仅为乘客提供空间,还保护他们免受外界的影响。发动机是汽车的"心脏",最常见的发动机有汽油发动机、柴油发动机和混合动力发动机。底盘则包括悬挂系统、转向系统和制动系统,它们共同确保车辆的稳定性和安全性。

Автомобильные компоненты представлены в широком ассортименте, например, поршни, коленчатый вал и головка блока цилиндров двигателя, которые работают в тесном взаимодействии для нормального функционирования двигателя. Кроме того, электрическая система автомобиля включает генератор, аккумулятор и различные датчики, которые снабжают энергией электронные устройства. С развитием технологий автомобильные компоненты также постоянно обновляются, например, аккумуляторные технологии для электромобилей совершенствуются.

汽车零部件的种类繁多,例如发动机的活塞、曲轴、气缸盖等,这些部件的协同工作确保发动机的正常运行。此外,汽车的电气系统包括发电机、蓄电池和各种传感器,它们为车辆的电子设备提供动力。随着技术的发展,汽车零部件也在不断更新,例如电动汽车的电池技术正在逐步完善。

Упражнения и задания

1 **Распределите слова по группам. При необходимости воспользуйтесь словарём для перевода незнакомых слов.** (将单词分组。如有需要,可使用词典翻译不认识的单词。)

автомоби́льный инве́ртор, автошампу́нь, амортиза́торы, антискользя́щий ко́врик, антифри́з, ароматиза́тор, ба́мпер, внедоро́жник, дви́гатель, держа́тель для смартфо́на, домкра́т, за́дняя подве́ска, кабриоле́т, капо́т, колёса, компре́ссор, кроссо́вер, кры́лья, ку́зов, лимузи́н, маши́на, Мерседе́с, минивэ́н, мото́рное ма́сло, нейтрализа́тор за́паха, освежи́тель во́здуха, очисти́тель для ухо́да за ко́жей, пика́п, подши́пник, противотума́нные фа́ры, размора́живатель стёкол и замко́в, реме́нь, рулево́е колесо́, свеча́ зажига́ния, седа́н, систе́ма охлажде́ния, спрей антидо́ждь, сцепле́ние, Те́сла, тормозны́е ди́ски и коло́дки, трансми́ссия, Ха́ммер, хэтчбе́к, чехлы́ на сиде́нья, ши́ны, электромоби́ль

Запасные части к автомобилю	Аксессуары и средства по уходу за автомобилем	Автомобиль

2 **Ознакомьтесь с образцом торгового контракта на поставку автомобилей в Россию. Переведите документ на китайский язык.**（请查看俄罗斯汽车供应贸易合同样本，将文件翻译成中文。）

10. Права и обязанности сторон

10.1. Исполнитель обязан:

10.1.1. Оказать услуги в соответствии с указаниями Заказчика и условиями настоящего Контракта.

10.1.2. Способствовать приобретению партии автомобилей Geely в Китае на условиях, наиболее выгодных для Заказчика.

10.1.3. Организовать доставку автомобилей в порт / на границу погрузки в Китае.

10.1.4. Осуществить доставку сухопутным транспортом до г. Владивосток.

10.1.5. Произвести таможенное оформление автомобилей, в том числе произвести обязательные таможенные платежи (заказчик также имеет право оплатить таможенные платежи самостоятельно) и оформить необходимые документы с помощью таможенного брокера.

10. 1. 6. Представить Заказчику отчёт об оказании услуг в срок 5 (пять) рабочих дней.

10. 1. 7. Представить Заказчику Акт сдачи-приёмки услуг по завершении оказания услуг в срок 5 (пять) рабочих дней.

10. 1. 8. Осуществить диагностику технического состояния автомобилей (по желанию Заказчика).

10. 1. 9. В случае предварительной договорённости оказать от имени и за счёт Заказчика дополнительные услуги по подготовке транспортных средств к повседневной эксплуатации. Данные услуги могут включать в себя следующее:

замена технических жидкостей, приобретение необходимого комплекта резины и дисков, установка охранного комплекса и иные услуги.

Конкретный перечень и объём услуг согласовывается с Заказчиком отдельно. За оказанные услуги Заказчик обязуется оплатить Исполнителю вознаграждение в соответствии со счётом-фактурой от Исполнителя.

3 Ответьте на вопросы, касающиеся контракта. (根据合同回答下列问题。)

1) Что планирует купить Заказчик?

2) Что обязан организовать Исполнитель по условиям торгового контракта?

3) Каким транспортом заказ должен быть доставлен в г. Владивосток?

4) Что необходимо сделать на таможне?

5) Какие дополнительные услуги могут потребоваться Заказчику?

4 Переведите на китайский язык следующие предложения. (俄译汉。)

1) Кроссовер OMODA C5 максимально приближен по уровню комфорта и ходовым качествам к премиум-классу, но по стоимости попадает в число более доступных моделей.

____

2) Модель TANK 300 — это китайский Jeep Wrangler, а TANK 500 — китайский Land Cruiser, только как минимум вдвое дешевле оригинала и на гарантии.

____

3) Государственный автоконцерн Chery — один из старожилов российского рынка, самый узнаваемый китайских бренд в России и многие годы один из лидеров по продажам среди них.

____

4) Бренд Geely имеет большой потенциал для развития на российском рынке, особенно в связи с наличием локальных производственных мощностей.

____

5) Базовая комплектация включает в себя кондиционер, электропакет, а в качестве дополнительных опций предлагается ABS с системой перераспределения тормозных усилий, две подушки безопасности.

5 **Найдите информацию о китайской автомобилестроительной компании XXX Automobile Holdings Limited. Кратко расскажите, где находится и что производит эта компания.** (查找有关中国XXX汽车控股有限公司的信息,简短介绍一下该公司坐落位置及生产信息。)

УРОК 15 ТОВАРЫ ЛЕСНОЙ ПРОМЫШЛЕННОСТИ

第15课 林业产品

Новые слова и выражения

биото́пливо 生物燃料

брус 梁木

брёвна 原木

брике́ты （粉碎物压成的）块状物

бума́га 纸

буфе́т 餐具橱

дверна́я констру́кция 门结构

доска́ 木板

древеси́на 原木，木材

древесностру́жечная плита́ 木屑刨花板

дрова́ 木柴

ель 云杉

карто́н 纸板

кедр 雪松

комо́д 五斗橱

кре́сло 圈椅

крова́ть 床

ку́кольный до́мик 玩具房

лесозагото́вка 伐木

ли́ственница 落叶松

око́нная ра́ма 窗框，窗架

парке́т 镶木地板

пиломатериа́лы 锯开的木材，木材

пи́хта 冷杉

подсве́чник 烛台

поро́да（дере́вьев）（树木）品种

разде́лочная доска́ 切菜板

ра́мка（для карти́н и фотогра́фий）画框，相框

спи́чки 火柴

сплавля́ть — спла́вить，сплавля́ться 流送，浮运，筏运

сосна́ 松树

стол 桌子

стул 椅子

табуре́т 凳子

ту́мба 台座，托架

фане́ра 层板，胶合板

целлюло́за 纸浆

шкату́лка 首饰箱

шкаф 柜子，橱柜

шпон 单板，原片

этаже́рка 格子架，架子

Теоретическая справка

Товары лесной промышленности — это мебель,

林业产品包括家具、纸张和纸

бумага и картон, строительные материалы (пиломатериалы, брус, брёвна), отделочные материалы и декор, напольные покрытия, биотопливо (брикеты, дрова).

В России, причём три четверти из них занимают ценные породы: сосна, лиственница, ель, пихта, кедр. Основные районы лесозаготовки находятся в следующих регионах:

На северо-западе страны (Архангельская, Вологодская, Ленинградская области, Республики Карелия, Коми). Здесь развита транспортная инфраструктура: морские порты Мурманск и Архангельск, сплавные реки, лесовозные дороги.

В Сибири (Иркутская область, Красноярский край). По Енисею лес сплавляется до Игарского порта, далее по Транссибирской магистрали лес отправляют в европейскую часть страны.

На Дальнем Востоке (Хабаровский край) находится значительная часть спелых и перестойных лесов (возраст от 80–100 лет). Близость Азиатского рынка открывает возможности для экспорта.

板、建筑材料(锯材、梁木、原木),装饰材料和装饰品、地板覆盖材料、生物燃料(木砖、木柴)。

在俄罗斯,其中四分之三是珍贵树种:松树、落叶松、云杉、冷杉、雪松。主要的木材采伐区域位于以下地区:

在俄罗斯西北部地区(阿尔汉格尔斯克州、沃洛格达州、列宁格勒州,卡累利阿共和国、科米共和国)。这里交通基础设施发达:摩尔曼斯克和阿尔汉格尔斯克的海港、可用于流放木材的河流以及伐木道路。

在西伯利亚地区(伊尔库茨克州,克拉斯诺亚尔斯克边疆区)。木材沿着叶尼塞河漂浮至伊加尔卡港,然后通过西伯利亚大铁路将木材运送到俄罗斯的欧洲部分。

在远东地区(哈巴罗夫斯克边疆区),拥有相当一部分成熟林和过熟林(年龄在 80 — 100 年之间)。靠近亚洲市场为出口提供了机会。

Упражнения и задания

1 Распределите слова по группам. При необходимости воспользуйтесь словарём для перевода незнакомых слов. (将单词分组。如有需要,可使用词典翻译不认识的单词。)

бу́фе́т, брус, брёвна, бума́га, дверны́е констру́кции, до́ски, древесностру́жечные пли́ты, карто́н, комо́д, кре́сло, крова́ть, ку́кольный до́мик, око́нные ра́мы, парке́т, пиломатериа́лы, подсве́чники, подста́вки под кру́жки, по́лки для книг, разде́лочная доска́, ра́мка (для карти́н и фотогра́фий), спи́чки, стол, стул, табуре́т, ту́мба, фане́ра, целлюло́за, шкату́лка, шкаф, шпон, этаже́рка

Мебель	Лесопромышленная продукция	Изделия из древесины для дома и быта

2 **Ознакомьтесь с образцом торгового контракта на поставку пиломатериалов. Переведите документ на китайский язык.**（请查看锯材供应贸易合同样本，将文件翻译成中文。）

1. Предмет контракта.

1.1. Продавец обязуется передать в собственность Покупателя, а Покупатель принять и оплатить продукцию, согласно заявкам, полученным от Покупателя. При поставке пиломатериалов естественной влажности и сухой строганной продукции сорт АВ в объёме: 500 м. куб. (При увеличении объёмов, подписывается дополнительное соглашение).

1.2. Заявка Покупателя на поставку продукции предоставляется Продавцу по электронной почте.

1.3. Продукцией по настоящему договору являются хвойные и лиственные пиломатериалы естественной влажности, сухие строганные пиломатериалы (сорт АВ).

1.4. Существенные условия настоящего договора (наименование, количество, цена продукции) определяются в Приложениях, счётах-фактурах, спецификациях, которые являются неотъемлемой частью настоящего Контракта.

3 **Ознакомьтесь с образцом спецификации к торговому контракту на поставку мебели. Переведите документ на китайский язык.**（请查看家具供应贸易合同的规范说明书，将文件翻译成中文。）

Приложение № 1 к Контракту № 2

от «10» ноября 2024 года

СПЕЦИФИКАЦИЯ

№	Наименование товара	Единица измерения	Кол-во	Цена за единицу, юани	Стоимость, юани
1	Стол руководителя эргономичный с экраном на опорной тумбе с ящиками 206 * 180 * 76, цвет: орех / белый премиум Модель № CTT-D08-R03	Шт.	10	524	5 240

续表

№	Наименование товара	Единица измерения	Кол-во	Цена за единицу, юани	Стоимость, юани
2	Стол журнальный 120 * 60 * 45, цвет: орех / белый премиум Модель № CTT-D02-R01	Шт.	10	214	2 140
3	Тумба опорная правая / левая 179 * 55 * 62. 6, цвет: белый премиум / орех Модель № TT-D04-R05	Шт.	10	367	3 670
4	Шкаф-купе для документов низкий (2 секции) 176 * 44 * 100, цвет: орех / белый премиум Модель № BCT-D07-R12	Шт.	10	292	2 920
Итого					13 970

4 Переведите на китайский язык следующие предложения. (俄译汉。)

1) Породы древесины: сосна, ель, пихта, осина, берёза, ольха. В холодный период года при температурах воздуха ниже 0 ℃ пиломатериал из берёзы принимается по предварительной договорённости по каждой поставке.

2) Российская фанера не имеет конкурентов на мировых рынках, потребности ЕС и США в ней, несмотря на санкции, не снижаются.

3) С начала года объём отправленного в КНР круглого леса из лиственных пород составил 8 273 кубометров.

4) Самыми популярными видами продукции из древесины в сегменте строительных материалов стали фанера, доски для пола и ламинат.

5) К отраслям лесной промышленности относятся: лесозаготовка, целлюлозно-бумажная промышленность, производство пиломатериалов, древесных плит, фанеры, мебели, биотоплива, деревянное домостроение и лесная химия.

5 **Найдите информацию о любой крупной китайской мебельной компании. Кратко расскажите, где находится и что производит эта компания.** （查找有关中国家具公司的信息，简短介绍一下该公司坐落位置及生产信息。）

УРОК 16 НЕФТЕГАЗОВАЯ СФЕРА

第 16 课 石油天然气领域

Новые слова и выражения

азóтная кислотá 硝酸

аммиáк 氨气

ацетилéн 乙炔

бензи́н 汽油

бензóл 苯

би́тум 沥青

бурéние, бури́ть 钻探,钻孔,钻井

бутáн 丁烷

водорóд 氢,氢气

газопровóд 天然气管道

гéлий 氦,氦气

геóлогоразвéдочный, геологоразвéдка 地质调查的,地质勘探

гудрóн 软沥青,柏油

ди́зельное тóпливо 柴油

добы́ча ископáемых 采矿业

кероси́н 煤油

котéльное тóпливо 锅炉燃料,燃料油

лигрóин 石油醚

магистрáль, магистрáльный 干线,干线的

мазу́т 重油,燃料油

месторождéние 矿产地

метанóл 甲醇

motóрное мáсло 发动机润滑油,机油

нефтедобы́ча 采油

парафи́н 石蜡

переработка, перерабáтывать — перерабóтать 改制,加工

пластмáсса 塑料,塑胶

при́меси 混合物,杂质

пропáн 丙烷

раствори́тель 溶剂,天那水

сéра и́ли сéрная кислотá 硫黄或硫酸

сквáжина 井,孔

сырьё 原料

техни́ческий углерóд 炭黑

трубопровóд 管道,输油管

формальдеги́д 甲醛

фреóн 氟利昂

шельф 陆架

эксплуатáция 经营,开采,开发

энергоноси́тель 载能体

этáн 乙烷

Теоретическая справка

Нефть и газ лежат в основе развития мировой экономики. Кроме того, газ является экономически

石油和天然气是世界经济发展的基础。此外,天然气是一种经济高

эффективным и относительно экологически чистым энергоносителем. В совокупности три страны — США, Россия и Саудовская Аравия — добывают более 40% мировой потребности в нефти. При этом основные мировые рынки потребления нефти — США, Китай, Япония и Индия.

Крупные российско-китайские проекты в нефтегазовой сфере: в конце 2019 г. вышел на полную мощность магистральный нефтепровод Восточная Сибирь – Тихий океан; введён в эксплуатацию газопровод «Сила Сибири», планируется начать строительство «Силы Сибири-2» при участии России, Китая и Монголии с последующим введением в эксплуатацию в 2027 – 2028 гг., предназначен для экспорта российского газа в Китай.

Китайская национальная нефтегазовая корпорация CNPC, «Газпром» и «Роснефть» подписали китайско-российское соглашение о закупке и продаже природного газа на Дальнем Востоке, а также дополнительное соглашение, гарантирующее контракт на поставку нефти на нефтеперерабатывающие западные заводы Китая.

效且相对环保的能源。美国、俄罗斯和沙特阿拉伯这三个国家开采的石油占全球石油需求的40%以上。与此同时，全球主要的石油消费市场是美国、中国、日本和印度。

中俄在石油天然气领域的大型项目：2019年底，“东西伯利亚—太平洋”干线输油管道全面投入使用；“西伯利亚力量”天然气管道已投入使用，计划在俄罗斯、中国和蒙古的参与下开始建设“西伯利亚力量2号”，预计于2027年至2028年投入使用。该管道旨在向中国出口俄罗斯天然气。

中国石油天然气集团公司（CNPC）、俄罗斯天然气工业股份公司（Gazprom）和俄罗斯石油公司（Rosneft）签署了中俄关于远东地区天然气购买和销售的协议，并签订了确保向中国西部炼油厂供应石油的附加协议。

Упражнения и задания

1 Распределите слова по группам. При необходимости воспользуйтесь словарём для перевода незнакомых слов. （将单词分组。如有需要，可使用词典翻译不认识的单词。）

автоматиза́ция предприя́тий, азо́тная кислота́, аммиа́к, ацетиле́н, бензи́н, бензо́л, би́тум, буре́ние, бута́н, вазели́н, водоро́д, газопрово́д, ге́лий, геологоразве́дка, гудро́н, ди́зельное то́пливо, добы́ча ископа́емых, кероси́н, кокс, коте́льное то́пливо, лигрои́н, мазу́т, месторожде́ние, метано́л, мото́рное ма́сло, нефтедобы́ча, очи́стка, парафи́н, перерабо́тка, пластма́сса, при́меси, пропа́н, раствори́тель, се́ра и́ли се́рная кислота́, сква́жина, сырьё, техни́ческий углеро́д, технологи́ческий проце́сс, трубопрово́д, у́ксусная кислота́, формальдеги́д, фрео́н, шельф, эта́н

Нефтепродукты	Продукты переработки газа	Нефтегазовая отрасль

2 **Ознакомьтесь с образцом торгового контракта на поставку нефтепродуктов. Переведите документ на китайский язык.** （请查看石油产品贸易供应合同样本，将文件翻译成中文。）

Статья 1. Предмет контракта

1. 1. Продавец обязуется поставить, а Покупатель купить 100 метрических тонн лигроина, 200 метрических тонн осветительного керосина, 500 метрических тонн топливной нефти (далее «Товары»), плюс / минус 10% на усмотрение Продавца, которые должны быть поставлены к концу декабря 2025 г.

1. 2. Продавец имеет право поставить на 10% больше или меньше по отношению к общему Контрактному количеству, и это право может быть применено в любое время года.

Статья 3. Условия и сроки поставки Товара

3. 1. Условия поставки: Free on Board / Свободно на борту (FOB) Incoterms 2020.

3. 2. Товар, проданный по настоящему Контракту, должен быть поставлен Продавцом и принят Покупателем следующим образом:

3. 2. 1. Лигроин и керосин должны быть поставлены в течение сентября–октября 2025 г. в равных количествах.

3. 2. 2. Топливная нефть плюс / минус 10% должна быть поставлена в первой половине 2025 г.

3. 2. 3. Датой поставки считается дата коносамента.

3 **Ответьте на вопросы, касающиеся контракта.** （根据合同回答问题。）

1) Какие товары являются предметом торгового контракта?

2) Какое право Продавца указано в предмете контракта?

3) На каких условиях осуществляется поставка нефтепродуктов?

4) Какие сроки поставки лигроина и керосина?

5）Какой товар должен быть поставлен в течение января–июня 2025 года?

4 Переведите на китайский язык следующие предложения.（俄译汉。）

1）Во время загрузки танкера образцы-эталоны должны быть взяты в конце нефтепровода в соответствии со стандартом, действующим в стране Продавца.

2）Самовывоз Товара Покупателем путём отгрузки Товара в автотранспорт（автоцистерну）Покупателя в месте нахождения Товара（нефтебаза Поставщика）, которое определяется в Спецификациях к настоящему контракту.

3）Гелий — ценное сырьё, используемое в высоких технологиях, например, при изготовлении медицинского оборудования и магнитных подушек для длительных поездок в общественном транспорте, при конструировании ядерных реакторов и космических спутников.

4）Аммиак используется в фармацевтической（водный раствор）, сельскохозяйственной（удобрения）и пищевой（усилитель вкусовых свойств）отраслях промышленности.

5）Переработка тяжёлых нефтяных фракций под давлением водорода для получения дополнительного количества более лёгких продуктов：газойля, топлива и газа.

5 Расскажите информацию об основных китайских нефтегазовых компаниях.（介绍有关中国石油天然气公司的有关信息。）

2

КЛЮЧИ К УПРАЖНЕНИЯМ И ЗАДАНИЯМ

练习题参考答案

Раздел I Основные пункты торгового контракта

УРОК 1 ПРЕДМЕТ КОНТРАКТА, ЦЕНА И ОБЩАЯ СТОИМОСТЬ

1 Поставьте слова в скобках в правильную грамматическую форму. (把括号中的词变成适当形式填空。)

1) в лице *директора Смолина Сергея Юрьевича*

2) в лице *директора Чижевского Романа Ильича*

3) в лице *директора Семёновой Марии Викторовны*

4) в лице *генерального директора Вэя Исиня*

5) в лице *директора У Яцзюня*

2 Составьте торговый контракт, используя данные слова и словосочетания. (用所给的词和词组起草贸易合同。)

1) Торговая компания «XXX», именуемая в дальнейшем «Продавец», в лице директора Вана Лу, с одной стороны, и московская фабрика одежды «XXX», именуемая в дальнейшем «Покупатель», в лице директора Семёновой Елены Петровны, с другой стороны, заключили настоящий контракт о нижеследующем: ...

2) АО «XXX», РФ, именуемое в дальнейшем «Продавец», в лице генерального директора Боровой Ирины Михайловны, с одной стороны, и сеть магазинов «XXX», КНР, именуемая в дальнейшем «Покупатель», в лице генерального директора Чжао Юня, с другой стороны, заключили настоящий контракт о нижеследующем: ...

3) ООО «XXX», именуемое в дальнейшем «Продавец», в лице генерального директора Матвеева Альберта Степановича, с одной стороны, и китайский ювелирный магазин «XXX», именуемый в дальнейшем «Покупатель», в лице генерального директора Вэй Сяо, с другой

стороны, заключили настоящий договор о нижеследующем: ...

3 Переведите на китайский язык. (**俄译汉。**)

1) 购方和售方已同意就下列货物进行交易。

2) 售方有义务发货,购方有义务在……条款(根据《国际贸易术语解释通则 2020》)下购买如下商品。

3) 本合同所售货物的价格以美元 / 人民币计价。

4) 货物的价格包括包装、标记、货物装载和关税。

5) 本合同总金额为 5 万美元。

6) 合同签订和执行后的所有费用,包括海关费用,均由双方在各自国家境内支付。

7) 售方出售货物,购方按照发票接收并支付货款。

8) 订单(发票形式)通过传真或电子邮件发送给售方。

4 Переведите следующие слова или словосочетания на русский язык. (**汉译俄。**)

1) предмет контракта

2) приложение к контракту

3) инвойс

4) налоги и сборы

5) таможенная пошлина

5 По образцам A, B, C составьте на русском языке начало, пункты 1 и 2 торгового контракта. (**根据示例 A、B、C,用俄文续写贸易合同开头、第 1 和第 2 条款。**)

Смотри образец в Приложении 2. (参见附录 2 中的示例。)

6 Найдите и исправьте ошибки (неправильное употребление слов) в торговых контрактах. (**找出并纠正贸易合同中常见错误。**)

1) Продавец ~~покупает~~ (*продаёт*), а Покупатель ~~продаёт~~ (*принимает*, *покупает*) и оплачивает заказанные товары.

2) Общая стоимость настоящего контракта составляет 28 000 [~~двенадцать~~ (*двадцать*) восемь тысяч] долларов США.

3) Цена товара ~~исключает~~ (*включает*) в себя упаковку, маркировку и погрузку на транспортное средство.

4) Каждая поставка должна сопровождаться отдельным ~~инкотермс~~ (*инвойсом*), содержащим ассортимент, количество и цену товаров.

5) 2.2. Цены установлены в USD (доллары США), включая стоимость упаковки и маркировки, а также налоги, таможенные пошлины.

2.3. Общая стоимость контракта составляет: 36 000 [тридцать шесть тысяч ~~юаней~~ (*долларов США*)] USD.

6) Продавец продаёт, а Покупатель покупает товары в соответствии со спецификациями, приложенными к настоящему контракту и являющимися его ~~именуемыми в дальнейшем~~ (*неотъемлемыми частями*).

7 Переведите условия контракта на китайский язык. (将合同条款译成汉语。)

第 1 条 合同对象

1.1. 供应商有义务根据本合同的附件(规格)出售并确保货物的交付,购方有义务接收并支付货款。

1.2. 在规格中确定货物的名称、数量、交付条件和期限、付款方式和期限、货物价格等等。

УРОК 2 УСЛОВИЯ И СРОКИ ПОСТАВКИ

1 Поставьте слова в скобках в правильную грамматическую форму. (把括号中的词变成适当形式填空。)

1) поставляется *партиями*

2) в *Российскую Федерацию*

3) с момента *отправки* товара … предоставить копии *инвойса*

4) от даты *предоплаты* товара

5) до порта *отгрузки*

2 Составьте торговый контракт, используя данные слова и словосочетания. (用所给的词和词组起草贸易合同。)

1) Поставка Товара осуществляется на условиях FOB по Incoterms 2020.

Товар должен быть отгружен Продавцом до 15 июня 2024 года согласно приложению к контракту (договору) // Поставка товара должна быть произведена до 15 июня 2024 года согласно приложению к контракту (договору).

2) Поставка Товара осуществляется на условиях CIF по Incoterms 2020.

Продавец обязуется отгрузить Товар в течение 5 рабочих дней с момента получения предоплаты на свой банковский счёт.

3) Поставка Товара осуществляется на условиях FCA по Incoterms 2020.

Продавец производит поставку товаров в течение 4 (четырёх) месяцев со дня подписания контракта.

4) Поставка Товара осуществляется на условиях CPT по Инкотермс 2020.

Поставка товара должна быть произведена до 20 мая 2024 года согласно приложению к контракту (договору).

5）Поставка Товара осуществляется на условиях CIF по Инкотермс 2020.

Продавец производит поставку товаров в течение 3（трёх）месяцев со дня подписания контракта. Досрочная поставка допускается.

3 Переведите на китайский язык.（俄译汉。）

1）售方应开具货物付款发票。

2）货物分批交货。

3）购方通过银行转账支付预付款。

4）售方应在收到付款之日起 10 个工作日内发货。

5）若因售方原因导致货物未能按时交付……

6）预付款由银行转账支付，支付金额为订单总金额的 30%。

7）售方应在 2023 年 9 月 30 日前发货。

8）售方应按照本合同规定的期限交付货物。

4 Переведите следующие слова или словосочетания на русский язык.（汉译俄。）

1）условия（базис）поставки

2）погрузка товара

3）отгрузка товара

4）банковский перевод

5）выставить инвойс

5 По образцам A, B, C составьте на русском языке пункт 3 торгового контракта.（根据示例 A、B、C，用俄文续写贸易合同第 3 条款。）

Смотри образец в Приложении 2.（参见附录 2 中的示例。）

6 Найдите и исправьте ошибки（неправильное использование слов）в торговых контрактах.（找出并纠正贸易合同中常见错误。）

Статья 3. Сроки и ~~усилия~~（*условия*）поставки

3.1. Поставка Товара по настоящему Контракту осуществляется на условиях FOB Ningbo. Отгрузка товара производится ~~пакетами~~（*партиями*）на основании заказов Покупателя по прилагаемым к настоящему договору ~~Инкотермс~~（*Спецификациям / инвойсам / приложениям*）.

3.2. Датой поставки считается дата перехода товара через борт судна в морском порту ~~Guangzhou~~（*Ningbo*）.

3.3. Продавец обязуется поставить товар в течение 90（девяноста）~~выходных~~（*календарных*）дней с даты получения ~~зарплаты~~（*предоплаты*）.

3.4. В случае если Продавец не исполнил ~~обещания~~（*обязательства*）по поставке товара в срок, Продавец обязуется ~~получить~~（*возвратить*）денежные средства в размере стоимости не поставленных товаров в течение 7（семи）дней.

7 **Переведите условия контракта на китайский язык.**（将合同条款译成汉语。）

第 3 条 供货条件和供货期

3.1. 根据《国际贸易术语解释通则 2020》,货物按 CPT 广州条款交付。

3.2. 双方同意,自合同签订之日起一年内,根据购方的订单,分批交付货物。

3.3. 售方有义务在收到每批货物的对应款项后 7 个工作日内发货。

УРОК 3 КАЧЕСТВО ТОВАРА，УПАКОВКА И МАРКИРОВКА

1 **Поставьте слова в скобках в правильную грамматическую форму.**（把括号中的词变成适当形式填空。）

1） отгружаться в *соответствующей экспортной упаковке*

2） сохранность товара от всякого рода *повреждений*

3） вследствие *ненадлежащей упаковки*

4） возникнуть из-за *неправильной упаковки и маркировки*

5） должна соответствовать *установленным мировым стандартам*

2 **Составьте торговый контракт，используя данные слова и словосочетания.**（用所给的词和词组起草贸易合同。）

1） Товары должны быть упакованы в соответствии с требованиями к каждому виду товара.

2） Товар необходимо（следует）отгружать в экспортной упаковке，которая соответствует характеру поставляемого товара.

3） Упаковка должна обеспечивать полную сохранность товара во время транспортировки всеми видами транспорта.

4） Тара，в которую упакован товар，должна быть промаркирована с трёх сторон.

5） На каждый ящик должна быть нанесена следующая маркировка：наименование Получателя и Отправителя，вес брутто и нетто.

6） Продавец несёт все убытки，связанные с некачественной упаковкой и маркировкой товара（продукции）.

3 **Переведите на китайский язык.**（俄译汉。）

1） 商品质量应通过质量证书确认。

2） 所售商品的质量应符合生产厂家技术条件。

3）售方有义务自费清除瑕疵产品或更换有缺陷的部件。

4）包装应确保货物在各种运输方式的过程中完整无损。

5）售方应赔偿购方因包装不当而造成的一切损失。

6）产品必须用标准纸板箱包装,箱子毛重不应超过 50 千克。

7）在货物包装上应有如下标记:目的地国家、目的地、合同编号、毛重和净重、收货人和发货人的简称。

8）售方应对因包装和标记不当而造成的任何货物损坏承担责任。

4 Переведите следующие слова или словосочетания на русский язык.（汉译俄。）

1）сертификат качества

2）техническая документация

3）технические условия

4）сопроводительные документы

5）вредное воздействие

5 По образцам А, В, С составьте на русском языке пункт 4 торгового контракта.（根据示例 A、B、C,用俄文续写贸易合同第 4 条款。）

Смотри образец в Приложении 2.（参见附录 2 中的示例。）

6 Найдите и исправьте ошибки（неправильное использование слов）в торговых контрактах.（找出并纠正贸易合同中常见错误。）

Статья 4. Качество товара, упаковка и маркировка

4. 1. Качество Товара должно находиться в полном соответствии с ~~Инвойсом~~（*Сертификатом*）качества производителя.

4. 2. Если Товар, поставленный Продавцом, проявит дефекты, то доставка ~~эффективных~~（*дефектных*）товаров при возврате выполняется за счёт Продавца.

4. 3. Товар должен быть ~~куплен~~（*отгружен*）в соответствующей экспортной ~~маркировке~~（*упаковке*）.

4. 4. Упаковка должна обеспечивать полную ~~загрязнение~~（*сохранность*）товара от всякого рода повреждений при перевозке.

4. 5. Маркировка должна быть нанесена на китайском и английском языках и содержать следующее:

— ~~грузовой кран~~（*грузополучатель*）;

— № контракта;

— вес ~~брата~~（*брутто*）;

— вес ~~никто~~（*нетто*）;

— отправитель.

4. 6. Продавец несёт ответственность за любое повреждение товара вследствие ~~настоящей~~ (*ненадлежащей*) упаковки и ~~маркетинга~~ (*маркировки*).

7 Переведите условия контракта на китайский язык.（将合同条款译成汉语。）

第 4 条 产品质量、包装与标记

4. 1. 所供商品应符合售方的常规出口质量,并采用出口包装。如需要额外包装,其费用将另行商定。

4. 2. 每个地方都应做标记,标记应包含如下内容:

——售方;

——购方;

——收货人;

——合同编号;

——商品名称;

——毛重和净重。

УРОК 4 ПОРЯДОК ОТГРУЗКИ ТОВАРА. ТРАНСПОРТНЫЕ УСЛОВИЯ

1 Поставьте слова в скобках в правильную грамматическую форму.（把括号中的词变成适当形式填空。）

1) производится *морским или железнодорожным транспортом*

2) при выполнении *Покупателем* согласованных условии оплаты

3) о готовности товара к *отгрузке* не позднее чем за 15 дней до даты *отгрузки*

4) из *назначенного порта отправки*

5) связанные с *отправкой* груза… соответствии с *инструкциями*

2 Составьте торговый контракт, используя данные слова и словосочетания.（用所给的词和词组起草贸易合同。）

1) Продавец обязан в течение 5 дней со дня отгрузки товара по факсу сообщить Покупателю следующие данные: номер контракта и дату отгрузки.

2) При отгрузке товара Продавец обязан приложить к автодорожной накладной следующие сопроводительные документы: спецификацию; сертификат качества.

3) По настоящему контракту доставка товара до места назначения входит в обязанности Продавца.

4) Продавец берёт на себя обязательства организовать отправку груза железнодорожным транспортом и оформить все необходимые сопроводительные документы.

5）Отправитель обязан перед погрузкой товара проверит пригодность автодорожного транспорта для перевозки груза.

6）После фрахтования судна Продавец должен сообщить Покупателю его название и дату прибытия судна в порт.

3 Переведите на китайский язык.（俄译汉。）

1）本合同下的产品应按照规定走铁路运输。

2）船只必须准备好装载所租用的货物。

3）供应商采用铁路运输的方式将货物运送到指定车站。

4）售方组织海运交货，并确保运输单据得到妥善执行。

5）购方应通过电报的方式通知售方油轮的名称、载货量以及油轮抵达装货港口的大致日期。

6）购方租用的船只在各方面都应符合有关航运能力、消防安全及其他安全方面的港口规章。

7）售方应在装运结束后两个工作日内，通过电报或传真通知船名、提单日期及装运港。

8）每份提单上应注明合同编号、收货人、货物名称、货物数量、仓位数量、仓位编号、毛重及净重。

4 Переведите следующие слова или словосочетания на русский язык.（汉译俄。）

1）вид транспорта

2）транспортные условия

3）транспортные документы

4）порт назначения

5）портовые правила

5 По образцам А, В, С составьте на русском языке пункт 5 торгового контракта.（根据示例 A、B、C，用俄文续写贸易合同第 5 条款。）

Смотри образец в Приложении 2.（参见附录 2 中的示例。）

6 Найдите и исправьте ошибки（неправильное использование слов）в торговых контрактах.（找出并纠正贸易合同中常见错误。）

Статья 5. Условия ~~покупки~~（*отгрузки*）и транспортные условия.

5.1. Товары, указанные в Приложениях к настоящему контракту, ~~покупаются~~（*отгружаются*）партиями по заявке Покупателя.

5.2. Заявка Покупателем может быть произведена в телефонном режиме, либо факсимильной ~~почтой~~（*связью*）, либо посредством ~~электрической~~（*электронной*）почты.

5.3. ~~Принимателем~~（*Получателем / Грузополучателем*）товара по настоящему контракту

3

является ООО «ХХХ», Российская Федерация.

5.4. Поставка товара Продавцом производится в г. Азов, Россия. В ~~заключительных~~ (*сопроводительных / товаротранспортных*) документах Продавец указывает:

~~Приниматель~~ (*Получатель / Грузополучатель*): ООО «ХХХ».

Адрес: 622007 РФ, г. Азов, ул. Ленина, 123.

5.5. Доставка товаров производится сухопутным ~~судном~~ (*транспортом*).

5.6. После комплектации партии товара Продавец сообщает Покупателю следующую информацию: вид транспорта и наименование грузоперевозчика; ~~месяц~~ (*дату, срок*) отправки; № контейнера; ~~ассоциацию~~ (*ассортимент*) и количество товара; вес брутто, вес нетто.

7 Переведите условия контракта на китайский язык.（将合同条款译成汉语。）

第 5 条 货物的起运和运输

5.1. 售方应在计划起运日期前 10 天内,通过电子邮件通知购方货物已准备好待起运。

5.2. 售方组织通过海运方式运输货物。

5.3. 每个提单上应注明:合同编号、提单号、货物名称、货物数量、箱数、毛重和净重。

5.4. 货物起运后,且不迟于起运后的 24 小时内,售方应通过电报 / 传真告知购方以下信息:

——合同编号;

——货物名称;

——提单号;

——起运日期;

——货物总价值;

——毛重和净重。

УРОК 5 ОПЛАТА И СТРАХОВАНИЕ

1 Поставьте слова в скобках в правильную грамматическую форму, при необходимости подобрав соответствующие предлоги.（把括号中的词变成适当形式填空,必要时加上前置词。）

1) производится *на расчётный счёт* Продавца

2) платёж в размере 10% *от суммы* настоящего контракта

3) Покупателем *оставшейся суммы* в размере 90% *от стоимости* контракта

4) В случае *задержки* Покупателем *авансового платежа*

5) с отнесением *всех убытков*, вызванных *невыполнением* настоящего Контракта

2 Составьте торговый контракт, используя данные слова и словосочетания. (用所给的词和词组起草贸易合同。)

1) Оплата по настоящему контракту производится в форме банковского перевода на расчётный счёт Продавца 50% предоплаты.

2) В случае просрочки платежа более чем на 7 дней Покупатель вносит пеню в размере 0,2% от стоимости товара за каждый день просрочки.

3) Оплата производится посредством банковского перевода на расчётный счёт Поставщика.

4) Товар по настоящему Контракту от завода Продавца до границы должен быть застрахован Продавцом за свой счёт.

5) Страхование от морских рисков производится Покупателем / Продавцом и подтверждается Продавцу / Покупателю копией страхового полиса.

6) Страховым случаем является утрата или повреждение товара в результате аварии при транспортировке.

3 Переведите на китайский язык. (俄译汉。)

1) 购方通过非现金结算的方式支付货款,将资金汇入售方的结算账户。

2) 如付款逾期超过 5 天,将按商品价值的 0.3%每日收取滞纳金。

3) 付款期限为自货物交付给购方之日起 7 个自然日内。

4) 如果购方延迟支付预付款,售方有权更改交货日期或解除合同。

5) 在中国境内,货物运输过程中的保险和安全由售方负责。

6) 根据本合同,保险事故包括货物的损失、盗窃及损坏。

7) 售方负责在货物装运前遵守货物的存储条件。

8) 保险范围包括货物在运输过程中造成的损坏,具体为:碰撞、出现凹痕、受潮。

4 Переведите следующие слова или словосочетания на русский язык. (汉译俄。)

1) безналичный расчёт

2) банковский счёт

3) расчётный счёт

4) текущий счёт

5) задержка оплаты

5 По образцам A, B, C составьте на русском языке пункты 6 и 7 торгового контракта. (根据示例 A、B、C,用俄文续写贸易合同第 6 和第 7 条款。)

Смотри образец в Приложении 2. (参见附录 2 中的示例。)

6 Найдите и исправьте ошибки (неправильное использование слов) в торговых контрактах. (找出并纠正贸易合同中常见错误。)

Статья 6. Оплата и порядок расчётов

6.1. Платежи по настоящему контракту ~~начинаются~~ (*производятся / осуществляются*) Покупателем в ~~монетах~~ (*долларах*) США путём прямого ~~электронного~~ (*банковского*) перевода на расчётный счёт Продавца.

6.2. Стороны устанавливают следующий ~~режим~~ (*порядок*) оплаты товара: ~~инвойсовый~~ (*авансовый*) платёж в размере 30% от общей стоимости настоящего контракта осуществляется Покупателем в течение 14 календарных дней с момента ~~написания~~ (*подписания*) контракта; окончательный ~~отчёт~~ (*расчёт*) 70% от общей стоимости настоящего контракта осуществляется Покупателем в течение 7 календарных дней с момента получения товара.

Статья 7. Страхование

7.1. Продавец несёт ответственность за ~~склад~~ (*режим*) хранения и ~~охранение~~ (*сохранность*) груза при транспортировке только на территории КНР.

7.2. Ответственность за ~~охранение~~ (*сохранность*) груза при международных перевозках несёт грузоперевозчик или страховая компания, если Покупатель пожелал ~~потерять~~ (*застраховать*) груз.

7.3. Расходы по страхованию груза за пределами КНР несёт ~~Продавец~~ (*Покупатель / грузоперевозчик*).

7 Переведите условия контракта на китайский язык. (将合同条款译成汉语。)

第六条 支付条件

3.1. 货款通过银行转账的方式以美元形式从购方账户转到售方的结算账户。

3.2. 货款需在中国境内发运之日起 14 个自然日内完成支付。

3.3. 付款将在售方按时向购方提供如下文件的前提下进行:发票一式两份,明细单一式两份,商品质量证书一式两份。

3.4. 在未完整提供上述文件的情况下,购方有权全部或部分拒绝支付售方货款。

第 7 条 保险

售方有义务以购方的名义为货物投保,并在货物发运之日起 3 日内向购方提供保险单。

УРОК 6 ФОРС-МАЖОР

1 Поставьте слова в скобках в правильную грамматическую форму, при необходимости подобрав соответствующие предлоги. (把括号中的词变成适当形式填空,必要时加上前置词。)

1) без какой-либо *компенсации* расходов

2）в связи с *указанными выше событиями*

3）освобождается *от ответственности* … в случае наступления обстоятельств *непреодолимой силы*

4）извещение *об обстоятельствах* непреодолимой силы

5）уведомляет Покупателя *о начале и окончании* обстоятельств

2 Составьте торговый контракт, используя данные слова и словосочетания.（用所给的词和词组起草贸易合同。）

1）Неисполнение обязательств явилось следствием форс-мажорных обстоятельств, как, например, землетрясение, наводнение, пожар.

2）Продавец обязан в трёхдневный срок проинформировать Покупателя о наступлении и прекращении форс-мажора в письменной форме.

3）Если возникли непредвиденные обстоятельства, то срок обязательств отодвигается соразмерно времени, в течение которого будет действовать форс-мажор.

4）Забастовки являются форс-мажорным обстоятельством. Если забастовки будут продолжаться более 2 месяцев, то каждая из сторон имеет право отказаться от дальнейшего исполнения обязательств по контракту.

5）Ни одна из сторон не имеет права предъявлять рекламации в отношении убытков и потерь, которые могут возникнуть в результате непредвиденных обстоятельств.

6）Продавец в случае форс-мажорных обстоятельств обязан представить для их подтверждения документ компетентного государственного органа.

3 Переведите на китайский язык.（俄译汉。）

1）未提供或未及时提供信息将使售方失去权利。

2）售方有权援引不可预见的情况为其免除责任。

3）因不可抗力（如火灾、地震、事故）而未能履行合同义务。

4）售方已经超过一个月无法完全或部分履行合同所规定的义务。

5）购方有权全部或部分取消合同，而不赔偿售方所遭受的损失。

6）双方将尽力采取一切可能的措施，以将对合同效力产生影响的不可抗力后果降至最低。

7）火灾、自然灾害、战争、任何性质的军事行动、封锁、进出口禁令，或其他超出双方职权范围的原因。

8）未通知或未及时通知不可抗力情况将使售方失去援引上述任何情况的权利。

4 Переведите следующие слова или словосочетания на русский язык.（汉译俄。）

1）обстоятельства непреодолимой силы

2）природные бедствия

3）запрет на экспорт или импорт

4）за пределы компетенции

5）исполнение обязательств по контракту

5 **По образцам А, В составьте на русском языке пункт 8 торгового контракта.**（根据示例 A、B，用俄文续写贸易合同第 8 条款。）

Смотри образец в Приложении 2.（参见附录 2 中的示例。）

6 **Найдите и исправьте ошибки （неправильное использование слов） в торговых контрактах.**（找出并纠正贸易合同中常见错误。）

Статья 8. Форс-мажор

8.1. Ни одна из сторон не ~~идёт~~ （*несёт*） ответственности за полное или частичное невыполнение своих контрактных ~~планов~~ （*обязательств*）, если это невыполнение вызвано такими ~~увиденными~~ （*непредвиденными*） обстоятельствами, как: наводнение, пожар, землетрясение и другими природными ~~следствиями~~ （*бедствиями*）, равно как война или военные операции, имевшие место после ~~отключения~~ （*заключения*） настоящего контракта.

8.2. Сторона, для которой создалась невозможность исполнения обязательств по контракту, должна немедленно, но не позднее 3-х дней с момента начала или прекращения ~~стоп-минорных~~ （*форс-мажорных*） обстоятельств, ~~прочитать~~ （*проинформировать*） другую сторону письменно о начале, ожидаемом времени продолжения и ~~упрощения~~ （*прекращения / окончания*） этих обстоятельств.

7 **Переведите условия контракта на китайский язык.**（将合同条款译成汉语。）

第 8 条 不可抗力

8.1. 如果因不可抗力情况（如洪水、火灾、地震和其他自然灾害，以及战争或军事行动、封锁、进出口禁令）而造成全部或部分未能履行义务，则任何一方均无须承担责任。

8.2. 如果上述任何一种情况直接影响了合同中规定的义务履行期限，则该期限将相应地延长相关情况持续的时间。

УРОК 7 АРБИТРАЖ

1 **Поставьте слова в скобках в правильную грамматическую форму, при необходимости подобрав соответствующие предлоги.**（把括号中的词变成适当形式填空，必要时加上前置词。）

1）известить об этом другую сторону *заказным письмом*

2）должна избрать *второго арбитра* и уведомить об этом *первую сторону*

3）выносит решение *большинством голосов*

4）примут все меры *к разрешению* всех споров

5）невозможности достижения согласия *мирным путём*… урегулированию в *арбитражном суде*

2 Составьте торговый контракт, используя данные слова и словосочетания.（用所给的词和词组起草贸易合同。）

1）Если путём двусторонних переговоров споры сторон не урегулировать, то они подлежат рассмотрению арбитражным судом по месту нахождения истца.

2）Если ответчиком в разногласиях является Продавец, арбитраж должен иметь место в китайской коммерческой арбитражной ассоциации в Пекине.

3）Если ответчиком в разногласиях является Покупатель, арбитраж будет иметь место во Внешнеторговой арбитражной комиссии при Торгово-промышленной палате Российской Федерации в Москве.

4）Сторона, желающая передать спор в арбитраж, должна известить об этом другую сторону заказным письмом.

5）Другая сторона в течение 30 дней по получении такого письма должна избрать второго арбитра и уведомить об этом первую сторону заказным письмом.

6）Арбитраж выносит решение на основании условий настоящего Контракта, а также норм права, подлежащих применению в стране, где имеет место арбитраж.

3 Переведите на китайский язык.（俄译汉。）

1）与本合同相关的所有争议和分歧，应由双方通过协商解决。

2）仲裁审理在北京进行。合同各方有义务立即执行仲裁法院的裁决。

3）如果在谈判过程中未能达成一致，相关争议将在莫斯科市的俄罗斯联邦工商会下属的国际商事仲裁法院进行裁决。

4）国际商事仲裁用于解决与对外经济交易相关的民事法律纠纷。

5）因未适当履行本合同条款而产生的关于赔偿损失的纠纷。

6）仲裁程序用英文进行。

7）仲裁裁决应说明理由，并应具体说明仲裁庭的组成、裁决的时间和地点。

8）两名仲裁员应在任命后30天内选出第三名仲裁员。

4 Переведите следующие слова или словосочетания на русский язык.（汉译俄。）

1）арбитражный суд

2）арбитражное разбирательство

3）Международный коммерческий арбитражный суд

4）двусторонние переговоры

5）заказное письмо

5 **По образцам А, В составьте на русском языке пункт 9 торгового контракта.**（根据示例 A、B，用俄文续写贸易合同第 9 条款。）

Смотри образец в Приложении 2.（参见附录 2 中的示例。）

6 **Найдите и исправьте ошибки （неправильное использование слов） в торговых контрактах.**（找出并纠正贸易合同中常见错误。）

Статья 9. Арбитраж

9.1. Все ~~участники~~（*споры*） и ~~проблемы~~ （*разногласия*）, которые могут возникать из настоящего контракта или в связи с ним, будут по возможности решаться путём ~~разговоров~~（*переговоров*） между сторонами.

9.2. В случае, если стороны не придут к ~~отношениям~~ соглашению, то дело подлежит передаче на решение ~~уголовного~~（*арбитражного*） суда при Торгово-промышленной палате ~~Китая~~（*России / РФ*） в Москве.

9.3. Арбитражное разбирательство будет вестись в составе трёх ~~кураторов~~（*арбитров*）, два из которых назначаются сторонами, соответственно, а третий назначается Международным коммерческим ~~уголовным~~ （*арбитражным*） судом при Торгово-промышленной палате в Москве.

9.4. Если ~~советником~~（*ответчиком*） является Покупатель, арбитраж должен иметь место в ~~японской~~（*китайской*） коммерческой арбитражной ассоциации в Пекине.

9.5. Решение ~~уголовного~~（*арбитражного*） суда будет являться окончательным для обеих ~~компаний~~（*сторон*）.

7 **Переведите условия контракта на китайский язык.**（将合同条款译成汉语。）

第 9 条 争议解决

9.1. 所有与本合同有关的分歧，应通过双方协商的方式解决。

9.2. 如果双方在第一次协商中未能达成协议，则当下分歧应在原告所在地通过仲裁解决。

9.3. 仲裁裁决是双方的最终裁决。

УРОК 8 ОТВЕТСТВЕННОСТЬ СТОРОН И САНКЦИИ

1 **Поставьте слова в скобках в правильную грамматическую форму, при необходимости подобрав соответствующие предлоги.**（把括号中的词变成适当形式填空，必要时加上前置词。）

1）превышать 5% *стоимости* не поставленной в срок *партии*

2）оформление *отгрузочных документов*

3）поставки *дефектного товара* … признанного *дефектным*

4）изменению в *арбитражном порядке*

5）Штраф удерживается *Покупателем*

2 Составьте торговый контракт, используя данные слова и словосочетания.（用所给的词和词组起草贸易合同。）

1）Если задержка в поставке товара превышает 4 месяца, Покупатель имеет право аннулировать невыполненную часть настоящего контракта / настоящий контракт.

2）В случае поставки дефектного товара Продавец уплачивает Покупателю штраф в размере 10% от стоимости бракованного товара.

3）Продавец не несёт ответственности за просрочку поставки товара, случившуюся по причине наступления форс-мажорных обстоятельств.

4）При нарушении сроков оплаты товара, установленных в настоящем контракте, Продавец вправе предъявить Покупателю требование о выплате неустойки.

5）Стороны несут ответственность за невыполнение либо ненадлежащее выполнение условий настоящего контракта.

6）Покупатель имеет право отказаться от оплаты товара ненадлежащего качества и / или поставленного с нарушением сроков поставки.

3 Переведите на китайский язык.（俄译汉。）

1）如果售方在收到款项之日起 3 个月内未能交付商品,售方必须将已收到的款项退还至购方的结算账户。

2）如果由于中国港口部门和 / 或货物目的国的港口部门、海运承运人、铁路承运人、公路运输承运人、海关部门的过错而导致交货期限无法按时履行,那么售方的交货义务暂停履行。

3）如果商品的重量、尺寸、质量、数量、包装种类和卫生标准不符合本合同的规定,售方承担全部责任。

4）双方对不履行或不当履行合同义务承担责任。

5）如果购方未能根据合同条件及时支付商品或其部分的款项,购方有义务向供应商支付罚金。

6）罚金从逾期之日起计算,直至以适当方式履行货物交付义务之日为止。

7）如果购方无正当理由拒绝接收货物,购方应赔偿直接损失和未得利润损失。

8）所交付货物的所有权自购方接收货物之时起转移至购方。

4 Переведите следующие слова или словосочетания на русский язык.（汉译俄。）

1）компенсация затрат

2）прямой ущерб

3）недопоставка товара

4）ненадлежащее исполнение обязательств

5）неполученная прибыль

5 По образцам A, B, C составьте на русском языке пункт 10 торгового контракта.（根据示例 A、B、C，用俄文续写贸易合同第 10 条款。）

Смотри образец в Приложении 2.（参见附录 2 中的示例。）

6 Найдите и исправьте ошибки（неправильное использование слов）в торговых контрактах.（找出并纠正贸易合同中常见错误。）

Статья 10. Ответственность сторон. Санкции

10.1. Продавец несёт ~~приветствие~~（*ответственность*）за ~~современную~~（*своевременную*）поставку товара Покупателю в соответствии с условиями контракта.

10.2. Если поставка товара не будет производиться в установленные в контракте ~~тайминги~~（*сроки*），Продавец ~~назначает~~（*оплачивает / выплачивает*）Покупателю ~~шкаф / песни~~（*штраф / пени*）из расчёта 0,3% стоимости за каждый день опоздания.

10.3. Если опоздание превышает 20 дней，начисление ~~шкафа / песни~~（*штрафа / пени*）прекращается，и Продавец платит Покупателю сверх начисленной суммы ~~стройку~~（*неустойку*）в размере 0,1% стоимости не ~~купленного~~（*поставленного*）в срок товара.

10.4. Сторона，не исполнившая или ненадлежащим образом исполнившая свои ~~обстоятельства~~（*обязательства*）по контракту，несёт ~~приветствие~~（*ответственность*），если не докажет，что надлежащее исполнение ~~обстоятельств~~（*обязательств*）оказалось невозможным вследствие непреодолимой силы ~~фикс-минор~~（*форс-мажор*），т. е. чрезвычайных и непредотвратимых обстоятельств.

7 Переведите условия контракта на китайский язык.（将合同条款译成汉语。）

第 10 条 双方责任

10.1. 根据俄罗斯联邦现行法律，本协议的任何一方如因未履行协议规定的义务或不当履行义务，且存在过失（故意或疏忽、不谨慎、轻率）的情况下，应当承担责任。

10.2. 因不当履行义务造成损失而支付违约金（罚款、滞纳金）和赔偿，并不能免除合同方完全履行合同义务的责任。

УРОК 9　БЫТОВАЯ ТЕХНИКА И ЭЛЕКТРОНИКА

1 **Распределите слова, данные в начале урока, по группам.**（将本课单词按照如下类别分组。）

Крупная бытовая техника для кухни	Мелкая бытовая техника для кухни	Бытовая техника для дома	Электроника и гаджеты
варочная панель газовая плита индукционная плита микроволновая печь морозильная камера мультипечь посудомоечная машина холодильник	блендер вафельница кофеварка кофемолка миксер мультиварка рисоварка соковыжималка хлебопечка электрочайник	водонагреватель кондиционер очиститель воздуха пылесос стиральная машина сушильный шкаф увлажнитель воздуха утюг	видеоаппаратура массажёр проектор стереосистема цифровая аппаратура МР3-плеер планшет смартфон

2 **Ознакомьтесь с образцом спецификации к торговому контракту на поставку товаров бытовой техники. Переведите документ на китайский язык.**（请查看家用电器供应贸易合同的规格说明书，将文件翻译成中文。）

附件 2

第 93-К 号合同

自 2024 年 10 月 15 日起生效

1 号商品供应规格说明书

№	货物名称	数量	计量单位	单价 / 美元	金额 / 美元
1.	“智能烹饪”燃气灶	100	个	22	2 200
2.	2 000 瓦“厨房”牌电磁炉	100	个	35	3 500
3.	“超薄烹饪”牌厨房抽油烟机	100	个	48	4 800
本规格说明书货物总价值：					10 500

双方协商确定了以下供货条件：

1. 付款条件：需预付全额款项的 100%。

2. 保修期：所有家用电器产品保修期为 2 年。

3. 从广州市仓库发货的期限：30(三十)个自然日内。

4. 运输：由售方组织，费用由购方承担。

5. 送货地址：俄罗斯联邦，莫斯科市，和平大街 x 号楼，邮编 622xxx。

6. 售方联系人信息：王吉，+86 xxxxxxxxxxx。

7. 购方联系人信息：伊万诺夫・彼得・谢尔盖耶维奇，+7 xxxxxxxxxxx。

同意本规格说明书条款的双方签名：

购方	售方
总经理	总经理
“星星”有限公司	广东厨乐美电器有限公司
康斯坦丁・瓦西里耶维奇・米罗诺夫	张艺欣

3 Ответьте на следующие вопросы, опираясь на информацию из спецификации.（根据规格说明书中的信息回答下列问题。）

（Возможны другие варианты формулировок, см. Раздел 1. Урок 5.）

1）1.1. Предмет торгового контракта

Поставщик обязуется поставить и передать в собственность Покупателя, а Покупатель обязуется принять и оплатить на условиях, установленных Договором, предметы бытовой техники（именуемые далее «Товар»）, количество, номенклатура, цена и сроки поставки которого указываются в Спецификации.

2）С российской стороны ООО «Звёзда» в лице генерального директора К. В. Миронова, с китайской стороны компания Guangdong Moon Co. Ltd. в лице генерального директора Чжана Исиня.

3）Статья 6. Оплата товара

6.1. Платежи по настоящему контракту производятся Покупателем в долларах США путём прямого банковского перевода на расчётный счёт Продавца.

6.2. Предусмотрена предоплата в размере 100% от общей стоимости настоящего Контракта.

Статья 7. Страхование и сохранность грузов при транспортировке

7.1. На территории КНР за страхование и сохранность груза при перевозке отвечает Продавец.

7.2. При перевозке за пределами территориальных вод и национальных границ КНР за сохранность груза отвечает грузоперевозчик. Если Покупатель желает, то груз может быть застрахован за счёт Покупателя.

4) Покупатель хочет купить индукционную варочную панель на общую сумму 3 500 долларов и в количестве 100 штук / единиц.

5) Покупатель не может оплатить товар после получения, потому что по условиям торгового контракта должен сделать 100% предоплату.

6) Продавец должен отправить товар Покупателю в течение одного месяца / в срок до 30 дней.

7) Доставку товара оплачивает Покупатель / Доставка товара за счёт Покупателя.

8) Guangdong Cookermore Co. , Ltd. находится в провинции Гуандун, основана в 2020 году. Компания производит кухонную технику, в том числе газовые водонагреватели и кухонные индукционные и газовые плиты, вытяжки, комплектующие.

4 Переведите на китайский язык следующие предложения.（俄译汉。）

1）公司的产品种类为消费者提供了种类繁多的智能手机和平板电脑。

2）2010 年，技术公司在柏林的国际家用电器和电子产品展览会上推出了 IDEOS 智能手机，这是全球首款搭载安卓 2. 2 系统的智能手机。

3）XXX 是 XXX 集团（国际性公司）旗下家电品牌之一，作为全球领先的高科技企业，该品牌在大家电制造领域位居全球首位。

4）我们有种类繁多的家用电子产品可供选择，包括电视机、数码相机、计算器、音频设备、耳机和摄像机。

5）XXX 是一家全球智能电视机制造商。XXX 是家电集团股份有限公司旗下的子公司，专注于生产洗衣机、冰箱、空调以及汽车微气候调节系统等产品。

5 Найдите информацию о китайской компании Qingdao XXX Electric Appliances Co. , Ltd. Кратко расскажите, где находится и что производит эта компания.（查找有关中国公司青岛 XXX 电器有限公司的信息，简短介绍一下该公司坐落位置及生产信息。）

示例：

Справочная информация о компании Qingdao Smad Electric Appliances Co. , Ltd.

Компания Qingdao Smad Electric Appliances Co. , Ltd. находится в городе Циндао КНР, основана в 1999 году — китайский производитель и поставщик различных товаров, таких как: холодильники, морозильные камеры, стиральные машины, кондиционеры, микроволновые печи, сушилки для одежды, кулеры для воды и др.

Компания экспортирует свою продукцию в Северную Америку, Южную Америку, Восточную Европу, Юго-Восточную Азию, Африку, Океанию и другие регионы.

УРОК 10 ОДЕЖДА И ТЕКСТИЛЬ

1 Распределите слова по группам. При необходимости воспользуйтесь словарём для перевода незнакомых слов. (将单词分组。如有需要,可使用词典翻译不认识的单词。)

Верхняя тёплая одежда для зимы и осени	Ткани, материал для изготовления одежды	Домашняя одежда, бельё	Повседневная мужская и женская одежда
ветровка дождевик куртка пальто плащ пуховик шуба	кашемир кожа лён меринос мех полиэстер синтетика (синтетические волокна) хлопок шёлк шерсть	гольфы колготки ночная рубашка пижама термобельё трусы халат шорты	блузка брюки водолазка джемпер джинсы жилет костюм кофта платье рубашка футболка юбка

2 Ознакомьтесь с образцом торгового контракта на пошив и поставку форменной одежды. Переведите документ на китайский язык. (请查看制服缝制及供应贸易合同样本,将文件翻译成中文。)

合同编号 77

制服缝制及供应服务合同

俄罗斯联邦储蓄银行(公开股份公司),以下简称"订货方",由总经理格列夫·格尔曼·奥斯卡洛维奇作为代表,与另一方诺朗(广东)服装实业股份有限公司,以下简称"执行方",由总经理沈永阳作为代表,以下统称"双方",签订本合同。

1. 合同对象

1.1. 订货方委托,执行方接受按照客户申请提供制服(以下简称"商品")缝制及供应服务,按照本合同的条件,订货方有义务接收并支付商品款项。

1.2. 对商品的要求、品名、数量和交货期限应在规格说明书(附件 1)中详细说明,该说明书是本合同不可分割的一部分。

1.3. 根据本合同,商品将分批供应。每批商品的数量、品名、价格和交货期限,以及收货人的名称和地址,由双方在规格说明书中协商确定。规格说明书在双方签署后成为本合同不可分割的一部分。

3 Ответьте на вопросы и выполните задания, касающиеся контракта.（回答问题并完成与合同相关的任务。）

1）Форменная одежда — это одинаковая по стилю, покрою, цвету и ткани специальная（служебная）одежда для создания единого облика сотрудников. Форма нужна, чтобы продемонстрировать принадлежность работника к конкретной компании. Многие компании в целях соблюдения дресс-кода и поддержания корпоративного имиджа приобретают работникам форменную одежду. Заказчиками формы для своих сотрудников могут быть правоохранительные органы; военные ведомства; компании, занимающиеся перевозкой пассажиров; медицинские компании; банки; торговые сети; салоны красоты и т. д.

2）Исполнитель должен будет сшить / выполнить пошив форменной одежды и отправить готовые изделия（товар）заказчику.

3）Статья 2. Цена и общая стоимость контракта

2.1. Цены на товары, поставляемые по настоящему контракту, указаны в Спецификациях и Инвойсах.

2.2. Цены установлены в USD（американских долларах）/ RMB（китайских юанях），включая стоимость упаковки и маркировки, а также налоги, таможенные пошлины, сборы и расходы, взимаемые на территории страны Исполнителя в связи с выполнением настоящего контракта.

2.3. Общая стоимость контракта составляет: 28 000 USD（двадцать восемь тысяч долларов США）/ 216 000 RMB（двести шестнадцать тысяч китайских юаней）.

4）

Приложение № 1

к Контракту № 77

от « 14 » октября 2026 года

СПЕЦИФИКАЦИЯ

по пошиву форменной одежды для ПАО «Сбербанк России»

Адрес доставки: Россия, Москва, 117312, ул. Вавилова, д. 19

№ п/п	Наименование товара / Форменная одежда	Срок носки, лет	Общее количество, единиц	Срок изготовления и поставки	Цена за единицу товара, юани	Общая стоимость, юани
1.	Женская форменная одежда: пиджак и юбка	5	1 000	до 15 января 2027 года	100	100 000
2.	Мужская форменная одежда: пиджак и брюки	5	800	до 15 января 2027 года	100	80 000

续表

№ п/п	Наименование товара / Форменная одежда	Срок носки, лет	Общее количество, единиц	Срок изготовления и поставки	Цена за единицу товара, юани	Общая стоимость, юани
3.	Шейный платок (женск.)	3	1 000	до 14 декабря 2026 года	20	20 000
4.	Галстук (мужск.)	3	800	до 14 декабря 2026 года	20	16 000
Итого:						216 000

Исполнитель
Nuolang (Guangdong) Garment Industry Co., Ltd.
в лице генерального директора
Шена Юньяня

Заказчик
ПАО «Сбербанк России»
в лице генерального директора
Грефа Германа Оскаровича

4 Переведите на китайский язык следующие предложения. (俄译汉。)

1) 本合同的规格说明书自双方签署之日起便具有法律效力,并且是合同不可分割的一部分。

2) 特殊服装是一种个人防护用品,旨在保护员工在工作场所免受对健康有害物质及危险因素的影响。

3) 商店开始销售年轻设计师设计的服装、印有特别图案的 T 恤、绣花牛仔裤和纺织品。

4) 服装和鞋类在俄罗斯互联网平台 Wildberries 的销量中占有很大比重,卖家在调查中称 Wildberries 是最适合销售这类产品的平台。

5) 根据俄罗斯联邦的法律,从 2025 年 3 月 1 日起,服装标识的第三阶段开始实施。童装、内衣、泳衣、手套、袜子、帽子和其他商品都纳入了这一范围。

5 Найдите информацию о китайской компании XX. Кратко расскажите, где находится и что производит эта компания. (查找有关中国 XX 公司的信息,简短介绍一下该公司坐落位置及生产信息。)

示例:

Справочная информация о компании Great Wall Products Mfg., Ltd.

Китайский производитель / поставщик, находится в городе Фучжоу провинции Фуцзянь, год основания — 1999, имеет три фабрики. Является ведущим производителем текстильных, садовых, брезентовых и др. рабочих перчаток. Компания также производит специальную одежду для безопасной работы: мужские и женские куртки, водонепроницаемую рабочую одежду, отражающие куртки, механические перчатки, оранжевую защитную одежду; брюки для рабочих со светоотражающей лентой для высокой видимости; водонепроницаемые брюки; лыжные светоотражающие брюки, одежду на заказ и т. д. Время выполнения заказа в пиковый сезон: 3–6 месяцев, время выполнения вне сезона: 1–3 месяца.

УРОК 11 ПРОДУКТЫ ПИТАНИЯ

1 **Распределите слова по группам. При необходимости воспользуйтесь словарём для перевода незнакомых слов.** (将单词分组。如有需要，可使用词典翻译不认识的单词。)

Масложировая продукция	Сельскохозяйственные культуры	Морепродукты, рыбная и мясная продукция	Овощи и фрукты
арахисовое масло говяжий жир льняное масло майонез маргарин оливковое масло подсолнечное масло рапсовое масло соевое масло хлопковое масло	арахис горох гречиха кукуруза овёс подсолнечник пшеница рис рожь соя стручковая фасоль	баранина говядина индейка креветки курица минтай моллюски раки свинина сельдь треска	апельсины баклажаны батат грейпфрут кабачки капуста-кольраби картофель лимоны лук-порей мандарины помидоры яблоки

2 **Ознакомьтесь с образцом спецификации к торговому контракту на поставку кондитерских изделий. Посчитайте и заполните столбец «Стоимость» товара. Переведите документ на китайский язык.** (请查看糖果供应合同规格说明书，计算并填写产品的“价值”列，并将文件翻译成中文。)

Приложение № 2
к Контракту № 23-К
от 01. 11. 2026

СПЕЦИФИКАЦИЯ № 1 на поставку товара

№	Наименование товаров	Кол-во	Единица измерения	Цена за единицу, юани	Стоимость, юани
1.	Конфеты «Lusso» со вкусом чёрной смородины	150	кг	42	6 300
2.	Конфеты шоколадно-ореховые «Крокант»	180	кг	46	8 280
3.	Печенье со вкусом сгущённого молока «Яшкино»	200	пачка	35	7 000
Итого стоимость товаров по спецификации:					21 580

附件 2
第 23-К 号合同
自 2026 年 11 月 01 日起生效

1 号商品供应规格说明书

№	商品名称	数量	计量单位	单价 / 元	价值 / 元
1.	“Lusso”牌黑加仑味糖果	150	千克	42	
2.	“克罗坎特”牌巧克力坚果味糖果	180	千克	46	
3.	“雅什基诺”炼乳风味饼干	200	包	35	
根据规格说明书计算的商品总价值:					

根据合同条款,付款分为两个阶段进行。第一阶段,在售方出具发票之日起不超过 5 个工作日内,支付货物总价值 30%的预付款。第二阶段,购方在收到发货通知后,根据本规格说明书,在 5 个工作日内支付货物总价值剩余的 70%款项。

自预付款项打入售方账户之日起,发货履行期限不超过 3 周。

同意规格说明书条款的双方签字:

购方	售方
总经理	总经理
北京美丹食品有限公司	“雅什基诺(КДВ 集团)”糖果厂
冯柳尧	马基耶娃·叶卡捷琳娜·瓦西里耶夫娜

3 Ответьте на вопросы и выполните задания, опираясь на информацию из спецификации.(根据规格说明书中的信息回答问题并完成任务。)

1)(Возможны другие варианты формулировок, см. Раздел 1. Урок 4.)

Статья 5. Отгрузка и транспортировка товара

5.1. Продавец сообщает Покупателю по электронной почте о готовности товара к отгрузке за 10 дней до планируемой даты отгрузки.

5.2. Продавец организует транспортировку товара морским транспортом.

5.3. В каждой накладной указываются: номер контракта, номер коносамента, товар, его количество, количество ящиков, вес брутто и нетто.

5.4. После отгрузки товара, но не позднее чем через 24 часа после отгрузки, Продавец сообщает Покупателю по телеграфу / факсу следующие данные:

— номер контракта;

— наименование товара;

— номер коносамента;

— дату отгрузки;

— общую стоимость товара;

— вес брутто и нетто.

2) Покупатель должен оплатить аванс 6 474 юаней.

3) Китайская компания Beijing Meidan Food Co., Ltd. должна будет оплатить оставшуюся стоимость товара — 70% в течение пяти рабочих дней.

4) Конфеты шоколадно-ореховые «Крокант» 180 килограмм.

5) Нет, по условиям контракта Покупатель должен оплатить 30% аванса до отгрузки и 70% после отгрузки товара.

6) У Продавца есть не более 3 (трёх) недель со дня зачисления авансового платежа на счёт Продавца.

7) «Яшкино КДВ Групп» (бывш. «Кондитерский дом Восток») — один из крупнейших пищевых холдингов России, специализирующийся на выпуске снэков, кондитерских изделий и других продуктов. «Яшкино КДВ Групп» — крупнейшее кондитерское предприятие в Кузбассе (1,6 тысяч работников). «Яшкино КДВ Групп» имеет подразделения как в Харбине, так и в Шанхае, поскольку упоминается в латинской транскрипции как Kai Deng Wei (Harbin) Trading Co. Ltd и Kai Deng Wei (Shanghai) Trading Co., Ltd. Экспортирует в Китай конфеты, вафли, шоколад, печенье и др. кондитерскую продукцию.

4 Переведите на китайский язык следующие предложения.（俄译汉。）

1）从中国进口到俄罗斯的蔬菜中，韭菜占 26%，黄瓜占 24%，胡萝卜占 27%，茄子占 21%。

2）中国产的葡萄柚在俄罗斯市场的份额超过 9 万吨，橘子的份额超过 7.1 万吨，柠檬的份额约为 3 万吨。

3）俄罗斯对华出口的主要产品是油脂产品以及鱼类和海产品。

4）供应商有义务在合同规定的期限内交付食品，并确保符合规格说明书中规定的品种、名称和数量。

5）在供应食品时，订货方不仅要严格监控商品的数量、质量和保质期，还要检查包装的完整性和运输条件的遵守情况。

5 Прочитайте и переведите на китайский язык спецификацию на поставку мяса. Заполните пустые места спецификации.（请阅读并翻译肉类供应的规格说明书，并填写规格说明书的空白处。）

附件 1
第 46-K 号合同
自 2025 年 01 月 01 日起生效

1 号规格说明书
肉类供应

№	产品名称	商品消费属性	单位	数量	单价/卢布	总额/卢布
1.	鸡（肉鸡）	禽肉——一级冷冻肉鸡（整只，去内脏），每只单独包装，单只重量 1 100 克。本产品不含大豆成分及转基因物质。 原产国：俄罗斯。	千克	140	XX	XX
2.	牛肉	牛肉（冷冻，去骨，一级），本产品不含大豆及转基因成分。 原产国：俄罗斯。	千克	440	XX	XX

续表

№	产品名称	商品消费属性	单位	数量	单价/卢布	总额/卢布
3.	猪肉半成品	肉类(去骨、大块切割),包装冷冻。解冻后半成品呈红色,脂肪部分呈鲜红色,色泽符合该肉类特征,切面肉质紧密、富有弹性。 原产国:俄罗斯。	千克	60	XX	XX
4.	火鸡肉(禽肉)				XX	XX
共计:						XXX

Приложение № 1

к Контракту № 46-К

от 01. 01. 2025

СПЕЦИФИКАЦИЯ № 1

на поставку мяса

№	Наименование продуктов	Потребительские свойства товара	Ед. изм.	Кол-во	Цена за ед. / руб.	Сумма / руб.
1.	Куры (мясо птицы-бройлера)	Мясо птицы — цыплята-бройлеры потрошёные (тушка) 1 сорта, охлаждённые, в индивидуальной упаковке, вес тушки 1 100 грамм. Продукция не содержит сои и ГМО. Страна происхождения — Россия.	кг	140	XX	XX
2.	Мясо говядина	Мясо говядины, замороженное, без кости из говядины 1 категории. Продукция не содержит сои и ГМО. Страна происхождения — Россия.	кг	440	XX	XX
3.	Свинина полуфабрикат	Мясо (бескостное, крупнокусковое), в упаковке, в замороженном виде. У размороженного полуфабриката цвет красный, жир мягкий частично окрашен в ярко-красный цвет, цвет свойственный данному виду мяса, консистенция мяса на разрезе плотная, упругая. Страна происхождения — Россия.	кг	60	XX	XX
4.	Индейка (мясо птицы)	Мясо индейки — замороженные и охлаждённые полуфабрикаты, в вакуумной упаковке, вес каждой птицы составляет 2 000 г/2 кг. Продукт не содержит соевых бобов и генетически модифицированных организмов (ГМО). Место происхождения — Россия.	кг	100	XX	XX
Итого:						XXX

УРОК 12　ПАРФЮМЕРНО-КОСМЕТИЧЕСКАЯ ПРОДУКЦИЯ

1　Распределите слова по группам. При необходимости воспользуйтесь словарём для перевода незнакомых слов.（将单词分组。如有需要，可使用词典翻译不认识的单词。）

Средства для ухода за кожей и волосами	Декоративная косметика	Парфюмерия	Средства для ухода за полостью рта и за ногтями
крем для лица（рук，тела） лосьон мыло шампунь лак для волос кондиционер бальзам сыворотка гель пенка	пудра румяна губная помада тушь для ресниц карандаш для губ карандаш для бровей консилер хайлайтер тональный крем	духи туалетная вода парфюмерная（парфюмированная）вода одеколон дезодорант антиперспирант сухие духи	зубная паста зубной порошок ополаскиватель флоссы лаки маникюрные средство для снятия лака средство для укрепления ногтей

2　Ознакомьтесь с образцом спецификации к торговому контракту на поставку косметической продукции. Переведите документ на китайский язык.（请查看化妆品供应贸易合同的规格说明书，将文件翻译成中文。）

附件 1
第 7 号合同
自 2025 年 02 月 10 日起生效

规格说明书

№ п/п	所提供产品的名称	计算单位	数量	价格单位／元	总价／元
1.	护发素	个	1 000	35	35 000
2.	发蜡	个	1 000	24	24 000
3.	染发剂（颜色 8.34）	个	5 000	80	400 000
4.	染发膏（颜色 7.23）	个	5 000	80	400 000
5.	发胶	个	2 000	56	112 000
6.	护发喷雾	个	1 500	54	81 000
7.	洗发水 550 毫升	个	3 000	105	315 000
8.	柔顺剂	个	3 000	75	225 000

共计 8 个产品类型，总金额为 1 592 000（壹佰伍拾玖万贰仟）元人民币，RMB。

1. 对商品的一般要求、质量要求及使用性能要求

商品必须符合规格说明书中规定的数量和配件。所供应的商品必须是全新的,以前未使用过的。商品的包装和货物集装箱的包装应确保商品的安全性,避免在装卸作业以及运输到最终使用和存储地点的过程中出现商品的损坏和损毁情况。

2. 交货地点:俄罗斯联邦,图拉州,图拉市,梁赞斯卡亚街 * * 号。

3. 交货时间:自合同签订之日起 3 个月内。

4. 供货条件:在中国境内的货物供应由供应商负责并承担费用。在中国境内的所有类型的装卸作业均由供应商负责。供应商必须在货物发货日期前至少两个自然日通知订货商确切的发货时间和日期。

5. 支付货款:订货商在货物开始装运前预付货款总额的 50%,其余 50%的货款由订货商在收到并验收货物后的一周(7 个工作日)内支付。

供应商	订货商
广州月亮化妆品有限责任公司	"斯季利亚加"有限责任公司
经理	经理
李瑶	利・瓦・米什金娜

3 Ответьте на вопросы, опираясь на информацию из спецификации. (根据规格说明书中的信息回答问题。)

1) Статья 4. Качество товара, упаковка и маркировка

4.1. Качество товара должно быть подтверждено сертификатом качества. Товар должен соответствовать количеству и комплектности, указанным в спецификации.

4.2. Поставляемый товар должен отгружаться в упаковке, соответствующей характеру поставляемого товара. Упаковка товара и грузовая тара должны обеспечивать сохранность товара, исключить его порчу и уничтожение при погрузо-разгрузочных работах и транспортировке к конечному месту эксплуатации и хранения. Упаковка должна быть приспособлена к погрузке как кранами, погрузчиками так и без них.

4.3. На каждое место наносится чёткая маркировка: грузополучатель, № контракта; наименование товара; вес брутто (кг); вес нетто (кг); страна происхождения товара.

2) Заказчик должен оплатить 796 000 (семьсот девяносто шесть тысяч) юаней (это 50% от общей стоимости товара).

3) Упаковка товара и грузовая тара должны обеспечивать сохранность товара, исключить его порчу и уничтожение при погрузо-разгрузочных работах и транспортировке к конечному месту эксплуатации и хранения.

4) Заказчик хочет купить на сумму 315 000 (триста пятнадцать тысяч) юаней Шампунь 550 ml — 3 000 (три тысячи) штук.

5) Нет, по условиям контракта Заказчик вносит авансовый платёж в размере 50%, а оставшуюся сумму в размере 50% выплачивает в течение недели (7 рабочих дней) после получения и приёмки товара.

6）Поставщик.（см. п. 4）

4 Переведите на китайский язык следующие предложения.（俄译汉）

1）本合同的对象是供应＊＊品牌的精油，以精油为基础的化妆品和香水类产品（以下简称“商品”）。

2）由于低利润率，化妆品贸易需要大量的销售量和私人采购。

3）消费者在化妆品和个人护理产品上的支出不断增加，以及高档化妆品品牌在名人中的受欢迎程度，是国际贸易的主要引擎。

4）大约一半的化妆品品牌也在研发药妆产品 —— 一种处于美容学和药理学交叉领域的活性化妆品。

5）天然化妆品的成分对皮肤温和，不会产生化学成分常带来的不良后果。

5 Подготовьте краткое сообщение о том, какая российская косметика представлена на китайском рынке: название косметической компании, ассортимент, основные характеристики, почему привлекает китайских покупателей и т. п.（准备一份关于俄罗斯化妆品在中国市场上有代表性的简短信息：化妆品公司的名称、品种、主要特征、吸引中国买家的原因等。）

示例：

Справочная информация о некоторых российских косметических компаниях, представленных на китайском рынке:

ВИТА. Химико-биологическое объединение «Фирма ВИТА» 25 лет работает на косметическом рынке России и мира, выпускает около 500 видов продукции, в том числе около 20 новинок в год, которые можно приобрести в России и за рубежом. В ассортименте компании антиоксидантная косметика, лечебно-профилактические продукты для ухода за полостью рта, биологически активные добавки к пище. Косметические средства компании доступны для покупки на китайской платформе JD. hk.

Splat. SPLAT Global（до 2018 года — ООО «Сплат-Косметика»）— частная производственно-торговая компания, производящая средства для здоровья, ухода за телом, средства для гигиены полости рта, продукты для ухода за домом, а также косметику. Продукция этой компании уже успешно выходит на китайский рынок.

Бренд «AB1918». Компания стала первым и единственным представителем в Tmall, который вывел в продажу косметическую продукцию из бурых арктических водорослей на китайский рынок. Российский бренд AB1918 — это косметика и биодобавки на основе из морских водорослей, помогающие сохранить здоровье всего организма человека.

УРОК 13 БЫТОВАЯ ХИМИЯ И ХОЗЯЙСТВЕННЫЕ ТОВАРЫ

1 **Распределите слова по группам. При необходимости воспользуйтесь словарём для перевода незнакомых слов.**（将单词分组。如有需要，可使用词典翻译不认识的单词。）

Средства для стирки и ухода за одеждой и обувью	Моющие средства для кухни и уборки квартиры	Хозяйственные товары
водоотталкивающая пропитка воск гель для стирки защитный спрей (от влаги, грязи, реагентов) капсулы для стирки / для посудомоечной машины кондиционер крем для обуви мыло отбеливатель пятновыводитель стиральный порошок таблетки для стирки / для посудомоечной машины щётка	антижир антипригарный гель гель для мытья посуды мыло паста от жира и нагара пена для чистки духовки спрей дезинфицирующий спрей для окон и зеркал средства от накипи средство для мытья посуды чистящее средство для раковины и сантехники	бумажные салфетки вантуз ведро влажные салфетки губка из целлюлозы липкий ролик (валик) меламиновая губка мешки для мусора пергаментная бумага полотенце резиновые перчатки салфетки из микрофибры совок туалетная бумага фартук швабра щётка

2 **Ознакомьтесь с образцом спецификации к торговому контракту на поставку бытовой химии. Переведите документ на китайский язык.**（请查看日用化工品供应贸易合同的规格说明书，将文件翻译成中文。）

附件 1
第 25 号合同
自 2024 年 01 月 20 日起生效

规格说明书

№ п/п	产品名称	计量单位	货物数量	货物单价（元）	金额（元）
1.	TSL 清洁洗衣粉	千克	1 200	XX	XXX
2.	垃圾袋，容量 2—3 升	个	500	XX	XXX
3.	纤维素洗碗海绵	4 件装	400	XX	XXX
4.	两层的餐巾纸	6 件装	500	XX	XXX

续表

№ п/п	产品名称	计量单位	货物数量	货物单价（元）	金额（元）
5.	三层的纸巾	4 件装	250	XX	XXX
6.	FAIRY 洗洁精，3 升装	个	300	XX	XXX
7.	两层卫生纸	个	1 000	XX	XXX
8.	用于清洗玻璃和镜子的清洁剂，500 毫升，莱姆专业版	个	200	XX	XXX
9.	1 升装的 ZODIAC 牌抗菌洗手液，含有芦荟成分	个	300	XX	XXX
10.	空气清新剂，300 毫升	个	350	XX	XXX
总金额：					XXXXXX

供应商　　　　　　　　　　　　订购商
浙江 XXX 科技有限公司　　　　“XXX”有限公司
总经理　　　　　　　　　　　　总经理
王昭　　　　　　　　　　　　　Ю. П. 韦尔尼科夫

3 Ознакомьтесь с документом, в котором Заказчик даёт описание товара. Самостоятельно заполните пункт 3.（请查看客户提供的产品描述，独立填写第 3 点。）

№ п/п	Наименование товара и его показателей	Характеристики товара
3.	**Губка для посуды**	
3.1	Назначение	Для уборки помещений, мытья посуды
3.2	Материал губки	Поролон / Целлюлоза / Меламиновая
3.3	Количество в упаковке, шт.	4 шт. / 6 шт. / не менее 10 шт.
3.4	Размер, мм (миллиметр)	Не менее 85 * 55 * 2,5
3.5	Цвет	Жёлтый / Зелёный/ …

4 Переведите на китайский язык следующие предложения.（俄译汉。）

1）供应商有义务按照规格说明书（附件 1）中指定的品种、数量和质量，向订货方提供洗涤和清洁用品（以下简称“商品”），规格说明书是合同不可分割的一部分。

2）清洗玻璃和镜子的清洁剂必须有效地去除玻璃表面的污垢，不留水迹和模糊的水流。

3）每项家务都有其专用的化学清洁用品，往往一下子就有好几种。例如，仅就洗衣而言，就有洗衣凝珠、洗衣液、洗衣凝胶和洗衣粉。

4）家居用品商店的主要优势在于其商品种类没有严格的框架限制。这样的商店可以包含从扫帚到小型家用电器等各种商品。

5）在中国的家居用品批发市场，可以购买到各种家庭和专业清洁所需的产品，包括洗衣用品、熨烫用品、浴缸清洁用品、房屋清洁用品、衣物和鞋子的护理用品。

5 **Подготовьте краткое сообщение о китайской компании Dongguan XXX Washing Products Co. , Ltd.** (准备一份东莞市 XXX 洗涤用品有限公司的简介。)

示例：

Справочная информация о китайской компании Dongguan Piaoqiang Washing Products Co. , Ltd.

Компания Dongguan Piaoqiang Washing Products Co. , Ltd. была основана 14 декабря 2015 года. Основной вид деятельности компании — производство и продажа бытовой химии, включая моющие средства, дезинфицирующие средства (не медицинского назначения), гигиенические товары и т. д. Компания придерживается принципа качества, имеет полную и научную систему управления качеством, и её честность и качество продукции получили признание в отрасли.

УРОК 14 АВТОМОБИЛИ И АВТОКОМПОНЕНТЫ

1 **Распределите слова по группам. При необходимости воспользуйтесь словарём для перевода незнакомых слов.** (将单词分组。如有需要，可使用词典翻译不认识的单词。)

Запасные части к автомобилю	Аксессуары и средства по уходу за автомобилем	Автомобиль
амортизаторы бампер двигатель задняя подвеска капот колёса крылья кузов подшипник противотуманные фары ремень рулевое колесо свеча зажигания система охлаждения сцепление тормозные диски и колодки трансмиссия шины	автомобильный инвертор автошампунь антискользящий коврик антифриз ароматизатор держатель для смартфона домкрат компрессор моторное масло нейтрализатор запаха освежитель воздуха очиститель для ухода за кожей размораживатель стёкол и замков спрей антидождь чехлы на сиденья	внедорожник кабриолет кроссовер лимузин машина Мерседес минивэн пикап седан Тесла Хаммер хэтчбек электромобиль

2 **Ознакомьтесь с образцом торгового контракта на поставку автомобилей в Россию. Переведите документ на китайский язык.**（请查看俄罗斯汽车供应贸易合同样本，将文件翻译成中文。）

10. 当事人的权利和义务

10.1. 执行方义务

10.1.1. 根据委托方的指示和本合同的条件提供服务。

10.1.2. 协助委托方在中国以最有利的条件购买一批吉利汽车。

10.1.3. 在中国组织将汽车运送到港口 / 边境装载点。

10.1.4. 通过陆路运输的方式将货物运送至符拉迪沃斯托克（海参崴）市。

10.1.5. 办理汽车的海关手续，包括支付必要的海关费用（委托方也有权自行支付海关费用）并通过海关经纪人办理所需文件。

10.1.6. 在5个工作日内向委托方提交服务执行报告。

10.1.7. 服务完成后5个工作日内向委托方提交服务交付验收单。

10.1.8. 根据委托方的要求提供汽车技术状况检测服务。

10.1.9. 若事先协商一致，可代表委托方并以其费用提供车辆日常使用准备的附加服务，包括但不限于：更换技术油液、采购配套轮胎及轮毂、安装防盗系统等。

具体服务内容及范围需与委托方另行协商。委托方应按执行方提供的发票支付相应报酬。

3 **Ответьте на вопросы, касающиеся контракта.**（根据合同回答下列问题。）

1）Заказчик планирует купить партию автомобилей Geely в Китае.

2）Исполнитель обязан организовать доставку автомобилей в порт / на границу погрузки в Китае.

3）Сухопутным транспортом.

4）На таможне необходимо сделать таможенное оформление автомобилей, произвести обязательные таможенные платежи и оформить необходимые документы с помощью таможенного брокера.

5）Замена технических жидкостей, приобретение необходимого комплекта резины и дисков, установка охранного комплекса и иные услуги.

4 **Переведите на китайский язык следующие предложения.**（俄译汉。）

1）城市越野车 OMODA C5 在舒适度和行驶质量上尽可能接近高端车型，但在成本上属于更实惠的车型之列。

2）坦克 300 这款车型被称为中国吉普牧马人，而坦克 500 则被称为中国的陆地巡洋舰，价格至少比原版车便宜一半，并且提供官方保证。

3）国家汽车集团奇瑞是俄罗斯市场上的老牌企业之一，是俄罗斯市场上认知度最高的中国品牌，多年来一直是中国品牌汽车在俄罗斯销售的领导者之一。

4）吉利品牌在俄罗斯市场上有很大的发展潜力，尤其是考虑到其在当地拥有的生产能力。

5）基本配置包括空调和电力包。此外，还提供了作为额外选项的带制动力分配系统的防抱死制动系统（ABS）以及两个安全气囊。

5 **Найдите информацию о китайской автомобилестроительной компании XXX Automobile Holdings Limited. Кратко расскажите, где находится и что производит эта компания.（查找有关中国 XXX 汽车控股有限公司的信息，简短介绍一下该公司坐落位置及生产信息。）**

示例：

Справочная информация о компании Geely Automobile Holdings Limited.

Geely — это головная марка концерна Geely Automobile Holdings Limited, одного из крупнейших автопроизводителей КНР, который, в свою очередь входит в состав многопрофильной группы Zhejiang Geely Holding Group со штаб-квартирой в городе Ханчжоу, столице провинции Чжэцзян на востоке Китая.

Бренд Geely основан в середине 1980-х годов, и за более чем три десятилетия компания прошла путь от производителя холодильников до одного из крупнейших автопроизводителей Китая и мира. Компания Geely была основана Ли Шуфу в 1986 году в городе Тайчжоу, провинция Чжэцзян. В 2002 году Geely стала первой частной автомобильной компанией в Китае, получившей лицензию на производство автомобилей.

В последние годы Geely активно вкладывает средства в разработку электрических и гибридных автомобилей, что соответствует глобальным трендам в области экологически чистого транспорта.

УРОК 15 ТОВАРЫ ЛЕСНОЙ ПРОМЫШЛЕННОСТИ

1 **Распределите слова по группам. При необходимости воспользуйтесь словарём для перевода незнакомых слов.（将单词分组。如有需要，可使用词典翻译不认识的单词。）**

Мебель	Лесопромышленная продукция	Изделия из древесины для дома и быта
буфет	брёвна	
комод	брус	дверные конструкции
кресло	бумага	кукольный домик
кровать	доски	оконные рамы
полки для книг	древесностружечные плиты	подсвечники
стол	картон	подставки под кружки
стул	паркет	разделочная доска
табурет	пиломатериалы	рамка（для картин и фотографий）
тумба	фанера	спички
шкаф	целлюлоза	шкатулка
этажерка	шпон	

2 **Ознакомьтесь с образцом торгового контракта на поставку пиломатериалов. Переведите документ на китайский язык.（请查看锯材供应贸易合同样本，将文件翻译成中文。）**

1. 合同对象

1.1. 售方承诺将产品转让给购方所有，购方同意接收产品并根据购方订单支付货款。应交付自然含水率木材和 AB 级干刨光材的数量为 500 立方米（若数量增加，则签订补充协议）。

1.2. 购方通过电子邮件向售方提供产品供应订单。

1.3. 本合同所指的产品包括软木和硬木自然含水率木材，以及干刨光材（AB 级）。

1.4. 本合同的关键条款（产品名称、数量、价格）在作为本合同不可分割部分的附件、发票、规格说明书中予以确定。

3 **Ознакомьтесь с образцом спецификации к торговому контракту на поставку мебели. Переведите документ на китайский язык.（请查看家具供应贸易合同的规范说明书，将文件翻译成中文。）**

附件 1 第 2 号合同

自 2024 年 01 月 10 日起生效

规格说明书

№	产品名称	计量单位	数量	产品单价／元	价格／元
1	符合人体工程学的主管办公桌，搭配带抽屉的支撑矮柜（带屏）206＊180＊76 颜色：胡桃木／特级白 型号：CTT-D08-R03	个	10	524	5 240
2	茶几 120＊60＊45 颜色：胡桃木／特级白 型号：CTT-D02-R01	个	10	214	2 140
3	右侧／左侧支撑矮柜 179＊55＊62.6 颜色：特级白／胡桃木 型号：TT-D04-R05	个	10	367	3 670
4	低位文件柜（双门）176＊44＊100 颜色：胡桃木／特级白 型号：BCT-D07-R12	个	10	292	2 920
总计					13 970

4 **Переведите на китайский язык следующие предложения.（俄译汉。）**

1）木材种类：松木、云杉、冷杉、山杨、白桦、椴木。在寒冷季节，当气温低于 0°C 时，白桦木材的供应需根据每次供货的预先协议进行。

2）俄罗斯胶合板在全球市场上没有竞争对手，尽管受到制裁，欧盟和美国对俄罗斯胶合板的需求并未减少。

3）自年初以来，运往中国的阔叶木原木数量达 8 273 立方米。

4）在建筑材料领域，最受欢迎的木材产品类型是胶合板、地板板材和层压板。

5）林业产业包括以下几个领域：木材采伐、制浆造纸、木材加工、人造板生产、家具制造、生物燃料加工、木结构房屋建造和林产化工。

5 **Найдите информацию о любой крупной китайской мебельной компании. Кратко расскажите, где находится и что производит эта компания.** （查找有关中国家具公司的信息，简短介绍一下该公司坐落位置及生产信息。）

示例：

Справочная информация о компании Shaoxing Contuo Transmission Technology Co., Ltd. уезд Синьчан, провинция Чжэцзян, Китай.

Компания является надёжным производителем и поставщиком офисной мебели, одно из ведущих китайских предприятий по производству каркасных решений для здравоохранения, образования и офисной мебели, а также предлагает индивидуальные решения для рынка OEM. Специализируется на офисных столах с регулируемой высотой.

УРОК 16 НЕФТЕГАЗОВАЯ СФЕРА

1 **Распределите слова по группам. При необходимости воспользуйтесь словарём для перевода незнакомых слов.** （将单词分组。如有需要，可使用词典翻译不认识的单词。）

Нефтепродукты	Продукты переработки газа	Нефтегазовая отрасль
бензин	азотная кислота	автоматизация предприятий
бензол	аммиак	бурение
битум	ацетилен	газопровод
вазелин	бутан	геологоразведка
гудрон	водород	добыча ископаемых
дизельное топливо	гелий	месторождение
керосин	котельное топливо	нефтедобыча
кокс	метанол	очистка
лигроин	пропан	переработка
мазут	сера или серная кислота	примеси
моторное масло	технический углерод	скважина
парафин	уксусная кислота	сырьё
пластмасса	формальдегид	технологический процесс
растворитель	фреон	трубопровод
	этан	шельф

2 **Ознакомьтесь с образцом торгового контракта на поставку нефтепродуктов. Переведите документ на китайский язык.（请查看石油产品贸易供应合同样本，将文件翻译成中文。）**

第 1 条　合同对象

1.1. 售方承诺供应，购方承诺购买 100 公吨轻油、200 公吨照明煤油、500 公吨燃料油（以下简称“商品”），允许售方上下浮动 10%，应在 2025 年 12 月底前完成供应。

1.2. 售方有权交付比合同总数量多 10% 或少 10% 的商品，且该权利可在一年内的任何时间行使。

第 3 条　商品的交付条件和期限

3.1. 交付条件：根据《国际贸易术语解释通则 2020》，采用船上交货 / 自由船上交货（FOB）条款。

3.2. 根据本合同出售的商品应由售方供应，购方按以下方式接收：

3.2.1. 轻油和煤油应在 2025 年 9 月至 10 月期间以等量供应。

3.2.2. 燃料油可上下浮动 10%，应在 2025 年上半年供应完毕。

3.2.3. 交付日期以提单日期为准。

3 **Ответьте на вопросы, касающиеся контракта.（根据合同回答问题。）**

1）Лигроин, осветительный керосин, топливная нефть.

2）Продавец имеет право поставить на 10% больше или меньше по отношению к общему Контракт ному количеству.

3）FOB Incoterms 2020.

4）Лигроин и керосин должны быть поставлены в течение сентября–октября 2025 года.

5）Топливная нефть должна быть поставлена в течение января–июня 2025 года.

4 **Переведите на китайский язык следующие предложения.（俄译汉。）**

1）在油轮装载过程中，应根据售方所在国现行标准，在输油管末端抽取参考样品。

2）购方自行提取货物，方式为在货物所在地（供应商的油库，具体位置在本合同的规格说明书中确定）将货物装载到购方的运输车辆（油罐车）上。

3）氦气是一种宝贵的原料，应用于高端技术领域，例如在制造医疗设备和长途公共交通中使用的磁悬浮垫，以及在设计核反应堆和人造卫星时都会用到。

4）氨用于制药（水溶液）、农业（肥料）和食品（增味剂）行业。

5）在高压氢气的作用下对重质石油馏分进行加工，以获得更多的轻质产品：汽油、燃料和气体。

5 **Расскажите информацию об основных китайских нефтегазовых компаниях.（介绍有关中国石油天然气公司的有关信息。）**

示例：

Справочная информация о китайских нефтегазовых компаниях.

1）CNPC（China National Petroleum Corporation）— Китайская национальная нефтегазовая корпорация. Крупнейшая китайская нефтегазовая компания, 100% капитала которой принадлежит государству. Компания основана в сентябре 1988 года на базе производственных активов бывшего Министерства нефтяной промышленности КНР. Штаб-квартира CNPC находится в Пекине.

2) PetroChina — китайская нефтегазовая компания. Была создана как часть китайской государственной CNPC в ноябре 1999 года. Деятельность: разведка, разработка и добыча нефти и природного газа, а также переработка, транспортировка и распределение нефти и нефтепродуктов, продуктов нефтехимии и продажа природного газа.

3) Sinopec (China Petroleum & Chemical Corporation) — Китайская интегрированная энергетическая и химическая компания. Вторая по объёмам добычи нефтегазовая компания страны (после PetroChina). Основные направления деятельности: разведка и разработка нефтяных и газовых месторождений, продажа нефти и природного газа.

4) CNOOC (China National Offshore Oil Corporation) — Китайская национальная шельфовая нефтяная корпорация, китайская компания по эксплуатации морских нефтяных ресурсов.

5) Beijing Gas Group — крупнейший поставщик газа в Пекине. Входит в состав китайского государственного конгломерата Beijing Enterprises Holdings. Компания также занимается управлением проектов по электрогенерации из газа. В целом, Beijing Gas Group является оператором более чем 20 различных газовых проектов в Китае.

ПРИЛОЖЕНИЕ

附　录

Приложение 1

Условия поставок Инкотермс 2020

Продавец и покупатель выбирают подходящий базис (условия поставки) при согласовании условий международной сделки: это вопрос договорённостей. Все базисы распределены по группам от E до D — по нарастанию обязанностей и рисков продавца.

Группа E. Самовывоз, все риски после получения товара на складе несёт покупатель.

Группа F. Продавец отвечает за прохождение таможенных процедур в своей стране и погрузку товара на транспортное средство, предоставленное покупателем, а доставка и растаможка — на покупателе.

Группа C. Доставку организует и оплачивает продавец, но он несёт риски только до тех пор, пока не передаст груз перевозчику. Продавец обязан застраховать груз на всём пути доставки за свой счёт, но в пользу покупателя.

Группа D. Это варианты поставки под ключ. Продавец организует доставку и отвечает за груз, пока покупатель не получит его в оговорённой точке или грузовом терминале.

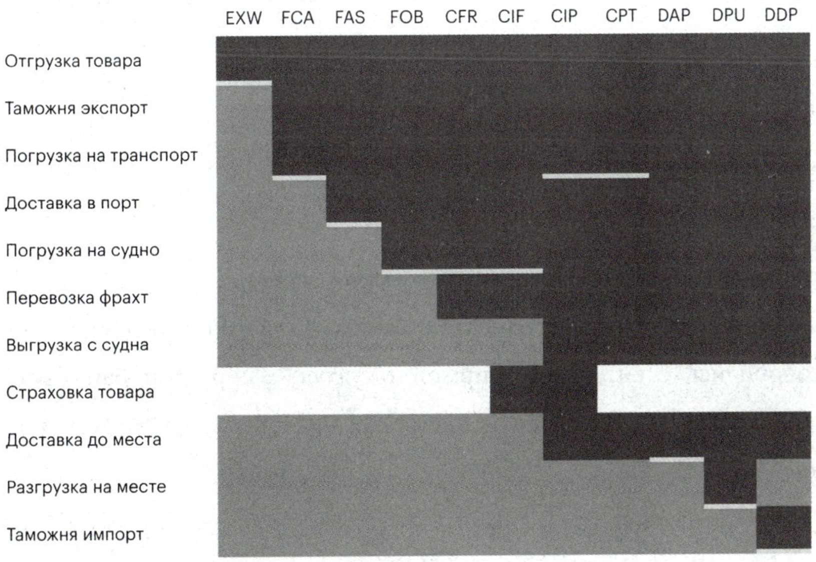

В таблице показаны 11 базисов Инкотермс 2020. Они распределены по группам от E до D — по нарастанию обязанностей продавца.

Базисы FAS, FOB, CFR, CIF подходят только для поставок по воде, а остальные — универсальные. (см. таблицу)

Условия поставок Инкотермс 2020

Универсальные базисы — подходят для любого транспорта	Базисы для морского и внутреннего водного транспорта
EXW — «Ex Works / Франко завод»	FAS — «Free Alongside Ship / Свободно вдоль борта судна»
FCA — «Free Carrier / Франко перевозчик»	FOB — «Free on Board / Свободно на борту»
CPT — «Carriage Paid to / Перевозка оплачена до»	CFR — «Cost and Freight / Стоимость и фрахт»
CIP — «Carriage and Insurance Paid to / Перевозка и страхование оплачены до»	CIF — «Cost Insurance and Freight / Стоимость, страхование и фрахт»
DPU — «Delivered Named Place Unloaded / Поставка на место выгрузки»	
DAP — «Delivered at Place / Поставка в место назначения»	
DDP — «Delivered Duty Paid / Поставка с уплатой пошлин»	

Приложение 2

Задание 5. Составьте торговый контракт на русском языке.

Российское Акционерное общество (АО) «Весна», генеральный директор Сидорова Елена Ивановна, договорились с китайской фирмой «Хуахуа», директор Ван Шуэй, о покупке и поставке в Россию товара (искусственные цветы для интерьера) на общую сумму 250 000 RMB (китайских юаней).

Русская версия торгового контракта

Компания «Хуахуа», КНР, именуемая в дальнейшем «Продавец», в лице директора Ван Шуэя, с одной стороны, и АО «Весна», Россия, именуемое в дальнейшем «Покупатель», в лице генерального директора Сидоровой Е. И., с другой стороны, заключили настоящий контракт о нижеследующем:

Статья 1. Предмет контракта

1.1. Продавец обязуется продать Покупателю в обусловленные настоящим Контрактом сроки Товар, а именно: искусственные цветы для интерьера различных модификаций согласно спецификации, являющейся неотъемлемой частью настоящего контракта (Приложение 1), а Покупатель обязуется принять Товар и уплатить его стоимость.

1.2. Качество товара подтверждается сертификатом качества.

1.3. Продавец является производителем и собственником товара, поставляемого Покупателю.

Статья 2. Цена и общая стоимость контракта

2.1. Цены на товары, поставляемые по настоящему контракту, указаны в Спецификациях и Инвойсах.

2.2. Цены установлены в RMB (китайских юанях), включая стоимость упаковки и маркировки, а также налоги, таможенные пошлины, сборы и расходы по выполнению формальностей, взимаемых на территории страны Продавца в связи с выполнением настоящего контракта.

2.3. Общая стоимость контракта составляет: 250 000 RMB.

Статья 3. Условия и сроки поставки

3.1. Поставка Товара осуществляется на условиях CIF по Incoterms 2020.

3.2. Стороны договорились о том, что товары будут отгружаться по заявкам Покупателя партиями в течение одного года с момента подписания контракта.

3.3. Продавец обязуется произвести отгрузку Товара в течение 14 рабочих дней с момента поступления на банковский счёт Продавца предварительной оплаты за каждую партию Товара в размере 50% от стоимости.

Статья 4. Качество товара, упаковка и маркировка

4.1. Качество товара должно быть подтверждено сертификатом качества завода-изготовителя.

4.2. Поставляемый товар должен отгружаться в упаковке, соответствующей характеру поставляемого товара. Упаковка должна предохранять товар от всякого рода повреждений при перевозке его смешанным транспортом.

4.3. На каждое место наносится чёткая маркировка: отправитель, грузополучатель, № контракта; наименование товара; вес брутто; вес нетто.

Статья 5. Порядок отгрузки товара. Транспортные условия

5.1. Отгрузка Товаров осуществляется морским транспортом.

5.2. При отгрузке товара Продавец обязан приложить к транспортной накладной следующие сопроводительные документы: спецификацию; сертификат качества.

5.3. В течение 2 (двух) рабочих дней после отгрузки товара Продавец должен сообщить Покупателю по факсу, телеграфу или электронной связи наименование порта погрузки, описание товара, номер контракта, номер коносамента; количество ящиков, вес брутто и нетто.

续表

Статья 6. Оплата товара

6. 1. Платежи за поставленные товары осуществляются путём перечисления денег со счета Покупателя на банковский счёт Продавца.

6. 2. Предусмотрена предоплата в размере 50% за каждую партию отгружаемого товара. Аванс производится на основании предоставления Продавцом следующих документов：

а）счёта в 3 экземплярах；

б）отгрузочных спецификаций в 3 экземплярах；

в）сертификата качества товара, выданного заводом-изготовителем или Продавцом.

6. 3. Окончательный расчёт в размере 50% стоимости поставленного товара производится Покупателем в течение 7 календарных дней со дня получения каждой партии.

6. 4. В случае задержки Покупателем авансового платежа Продавец имеет право изменить срок поставки. В случае просрочки окончательного расчёта Покупатель выплачивает Продавцу пени в размере 0,1% от общей стоимости за каждый день просрочки.

Статья 7. Страхование

7. 1. На территории КНР за страхование и сохранность груза при перевозке отвечает Продавец.

7. 2. При перевозке за пределами территориальных вод и национальных границ КНР за сохранность груза отвечает грузоперевозчик. Если Покупатель желает, то груз может быть застрахован за счёт Покупателя.

7. 3. При движении груза по национальной территории Покупателя за его сохранность отвечает Покупатель.

Статья 8. Форс-мажор

8. 1. Продавец освобождается от ответственности за частичное или полное неисполнение обязательств по настоящему контракту в случае наступления обстоятельств непреодолимой силы: пожар, наводнение, землетрясение или другое стихийное бедствие.

8. 2. Продавец обязан информировать Покупателя незамедлительно о начале и окончании форс-мажорных обстоятельств.

Статья 9. Арбитраж

9. 1. Все споры и разногласия, которые могут возникнуть из настоящего Контракта, подлежат разрешению через арбитражный суд.

9. 2. Арбитраж выносит решение на основании условий настоящего контракта, а также норм права, подлежащих применению в стране, где имеет место арбитраж.

9. 3. Решение арбитража будет являться окончательным для сторон.

Статья 10. Ответственность сторон. Санкции

10. 1. Стороны несут ответственность за невыполнение либо ненадлежащее выполнение условий настоящего Контракта.

10. 2. Покупатель вправе отказаться от оплаты товара ненадлежащего качества, некомплектного товара.

10. 3. При нарушении сроков оплаты товара, установленных в настоящем контракте, Покупатель выплачивает Продавцу пеню в размере 0,1 % от общей стоимости за каждый день просрочки.

10. 4. Продавец не несёт ответственности за просрочку поставки товара, случившуюся по причине наступления форс-мажорных обстоятельств.

Приложение 3

Внешнеторговый контракт на поставку товара

г. Кемерово 21 декабря 2023 года

ООО «ZOLOTO», в лице генерального директора Матвеева Альберта Степановича, действующего согласно Уставу общества, именуемый в тексте соглашения «Продавец», с одной стороны и Jerry Company, в лице генерального директора компании Jerry Jackson, действующего согласно сертификату регистрации, именуемый в дальнейшем «Покупатель», с другой стороны заключили настоящий договор о нижеследующем:

1. Предмет контракта

1.1. Продавец продал, а Покупатель купил кузнецкий уголь, происхождения Хоссия, далее именуемый «Товар» (марка, количество и условия, указаны в Приложениях к настоящему Контракту).

1.2. Страна назначения — КНР.

ИНВОЙС				
Контракт № 643/CN/JDB-1 от 10.01.2020				
Инвойс № G158269 от 29 октября 2020 г.				
Условия поставки: EXW Shenzhen				
ПОСТАВЩИК: Shenzhen JDB Technology Co., Ltd.				
АДРЕС: No. 15, Zhongxing Road, Kengzi Street, Pingshan District, Shenzhen, 518000, China				
ПОКУПАТЕЛЬ: Individual entrepreneur Novikov Evgeniy Andreevich				
ИНН: 781310635186				
АДРЕС: 197136, Lenina str., 24-13, Saint-Petersburg, Russia				
ОТКУДА: Shenzhen		КУДА: Saint-Petersburg		
КОНТЕЙНЕР №:				
№ п/п	**Наименование**	**Кол-во, шт**	**Цена, USD**	**Сумма, USD**
Код ТН ВЭД: 7326909409				

4

续表

1	Трафарет 0, 12 мм нержавеющая сталь арт. S-C77W237565A	1	10,00	10,00
2	Трафарет 0, 12 мм нержавеющая сталь арт. S-C75W237565A	1	10,00	10,00
	ИТОГО ПО КОДУ ТН ВЭД: 7326909409	2		20,00
Код ТН ВЭД: 8534001100				
3	Печатная плата 1 слой алюминий W237565AXC76	250	2,38	595,00
4	Печатная плата 1 слой алюминий W237565AXC74	5	10,40	52,00
	ИТОГО ПО КОДУ ТН ВЭД: 8534001100	255		647,00
ИТОГО		257		667,00
ИТОГО СУММА: Шестьсот шестьдесят шесть долларов США				